臺灣新文化運動紀念館

說自己的文化。

kóng ka - kī - ê bûn - huà

MY FIRST ANSWER THEREFORE TO THE QUESTION, WHAT IS HISTORY?, IS THAT IT IS A CONTINUOUS PROCESS OF INTERACTION BETWEEN THE HISTORIAN AND HIS FACTS.

DIAL

歷史就是現在

THE PRESENT

永無止境的對

AN UNENDING

GUE BETWEEN

過去之間，

ND THE PAST.

E. H. CARR

掛號10×10

●文協百年紀念特刊●

TAIWAN
NEW
CULTURAL
MOVEMENT

時間軸 1921

不只是年分
不只是人名
文協百年照片故事輯

掛號 CALL FOR NEW

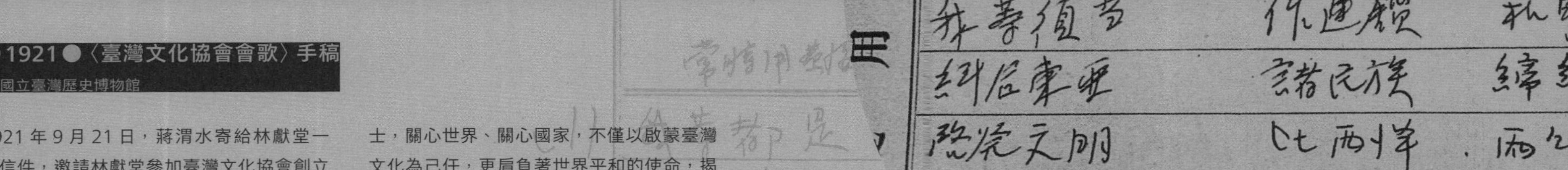

●1921●〈臺灣文化協會會歌〉手稿

1921 年 9 月 21 日，蔣渭水寄給林獻堂一封信件，邀請林獻堂參加臺灣文化協會創立總會，並附上這首由他親自創作的〈臺灣文化協會會歌〉歌詞。歌詞可見當時的文人志士，關心世界、關心國家，不僅以啟蒙臺灣文化為己任，更肩負著世界平和的使命，揭示了臺灣文化協會的成立動機。

我等都是亞細亞　黃色的人種／介在漢族一血脈　日本的百姓／所以天降大使命　囑咱緊實行
發達文化振道德　造就此才能／欲謀東洋永和平　中日要親善／我等須當作連鎖　和睦此弟兄
糾合東亞諸民族　締結大同盟／啟發文明比西洋　兩兩得並行／可免黃白起戰爭　世界就和平
我等一舉天下利　豈可自暴棄／但願最後完使命　樂為世界人／世界人類萬萬歲　臺灣名譽馨

用時間序列了解百年前的文化運動與社會事件

1921

- 林獻堂領銜第一次臺灣議會設置請願運動。
- 蔣渭水創作〈臺灣文化協會會歌〉。
- 「臺灣文化協會」創立，開啟臺灣文化啟蒙運動。
- 臺灣文化協會規劃於全臺巡迴播放社教影片。
- 《臺灣文化協會會報》創刊，蔣渭水〈臨床講義—

1922

- 文化協會至此已設立苑里、草屯、彰化、北斗、員林、社頭、嘉義、高雄 8 所讀報社。
- 陳端明〈日用文鼓吹論〉揭開臺灣白話運動的序幕。
- 蔡培火〈新臺灣的建設與羅馬字〉刊於《臺灣》。
- 《臺灣青年》改名為《臺灣》，並將社名改為臺灣雜誌社，本社位於東京，於臺北太平町大安醫院創立臺灣支局。
- 蔣渭水籌組臺灣第一個政治結社「新臺灣聯盟」，但因《治安警察法》而無法推行。

●1922●《臺灣》封面
© 財團法人蔣渭水文化基金會

1920 年 7 月 16 日，東京留學生組織新民會創立漢文、日文兼用的政論性月刊《臺灣青年》，「臺灣是臺灣人的臺灣」即語出於此；1922 年 4 月 10 日，《臺灣青年》為「應時事之推移與我島文化之要求」而改名《臺灣》。二者皆為臺灣知識份子傳達思想與議論的平臺。在歷史上，1923 年創刊的《臺灣民報》看似由此二刊物所延伸，實則是為了將《臺灣》「漢文部」獨立出來，在語言與內容上和《臺灣》並行，讓漢文的篇幅得以增加、紀實報導的功能亦能有所發揮。

1923

- 黃呈聰〈論普及白話文的新使命〉與黃朝琴〈漢文改革論〉刊登二文於《臺灣》第四期第一號，開啟臺灣新文學運動。
- 由林獻堂代表，共計178人連署，致日本貴族院議長德川家達、眾議院議長奧繁三郎之〈臺灣議會設置請願書〉。
- 請願代表蔣渭水、蔡培火、陳逢源抵達東京，展開第三次請願宣傳活動。
- 《臺灣民報》創立。仍在東京發刊，並由臺灣支局所在的大安醫院，總攬發行業務及報刊編輯事項。
- 臺灣白話文研究會成立。
- 《治安警察法》發布。
- 東京臺灣留學生吳三連等，組全島巡迴講演團。
- 蔣渭水等人組臺北青年會，次日被解散。
- 臺北青年會改名臺北青年體育會，祕密成立。
- 文協第三屆定期總會議決定「為改弊習涵養高尚趣味起見，特開活動寫真會、音樂會及文化演劇會」，將戲劇（「文化劇」）正式列為社會文化改造的運動。
- 反文化協會的「有力人士」創立公益會，會長為辜顯榮，副會長為林熊徵。
- 臺灣總督府以「違反治安警察法」大肆逮捕「臺灣議會設置期成同盟會」成員，為「治警事件」。

●1923●
謝文達與臺北號合影簽名照
© 謝東漢

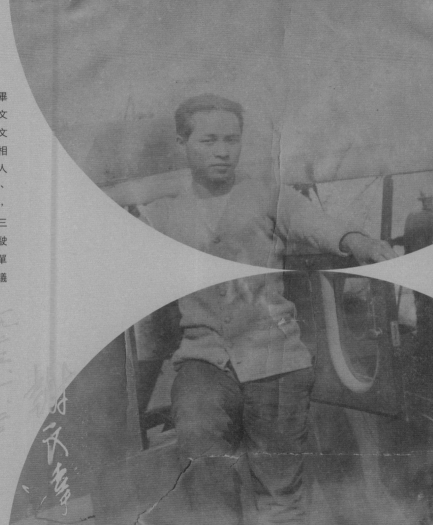

謝文達為臺灣首位飛行員，自臺中中學校畢業後，即赴日就讀伊藤飛行機研究所。謝文達於 1920 年 8 月返臺進行飛行表演，謝文達之子謝東漢曾如此形容謝文達使蔣渭水相信「被殖民的臺灣人智力、執行力與日本人是同等，應爭取同享日本憲法保障參政權、平等權」。1921 年，臺灣文化協會創立，謝文達為創始會員之一。1923 年 2 月第三次臺灣議會設置請願活動期間，謝文達駕駛「臺北號」於東京上空撒下萬張傳單，傳單內容批評日本對臺的專制，希望設置臺灣議會，賦予民眾參政權。

●1923●《臺灣民報》創刊號

© 財團法人蔣渭水文化基金會

1923 年 4 月 15 日，蔣渭水等人創辦純白話文半月刊《臺灣民報》，是臺灣人辦的第一份報紙，強調「啟發我島的文化，振起同胞的元氣，以謀臺灣的幸福」。此外，在臺灣尚未出現純文學刊物前，《臺灣民報》也扮演臺灣新文學史上重要的角色，從轉載中國新文學的作品，過渡至一九三〇年代後臺灣作家的創作逐漸崛起。《臺灣民報》上發表的作品具有階級色彩，並帶有左翼的批判精神，呈現文化協會的思想與對社會公平正義的追求。

●1923●「治警事件」首次及二次入獄紀念章

© 財團法人蔣渭水文化基金會

1923 年 12 月 16 日，臺灣總督府警務局以違反《治安警察法》為由，大規模搜捕「臺灣議會期成同盟會」成員，而成「治警事件」。事件共有 99 人遭受牽連（扣押 41 人、傳訊 58 人），被扣押的 41 人中，其中 29 人被移送臺北地方法院檢察局，並被拘置於臺北監獄。1925 年 2 月 29 日預審偵訊全部結束，有 18 人被檢方求刑、轉列被告後假釋。之後歷經 1924 年 8 月第一審、1924 年 10 月第二審，與 1925 年 2 月第三審，蔣渭水、蔡培火等七人遭到判刑二度入獄。此紀念章即為臺灣文化協會理事林篤勳等人籌組的彰化同志青年會，「頒發」給治警事件入獄者，以此暗諷總督府頒發紳章給御用紳士。首次入獄紀念章正面刻有「正義」二字，背面註明受難者被捕入獄日為 1923 年 12 月 16 日；二次入獄紀念章正面則雋刻象徵法律的正義女神泰美斯；背面註明受難者第二次入獄日 1925 年 2 月 20 日。

THE TAIWAN MINPAO

臺灣民報

（創刊號）

1924

- 施文杞〈臺娘悲史〉刊登於《臺灣民報》，為最早刊登在《臺灣民報》上的臺人創作小說，以文學對抗強權，該期《臺灣民報》被禁。
- 張我軍投書《臺灣民報》，發表〈至臺灣青年的一封信〉，對不思求新求變的臺灣文壇點火發難。
- 《臺灣》雜誌廢刊。
- 辜顯榮阻撓蔣渭水在東京從事的第五次臺灣議會設置請願活動，舉行「有力者大會」。
- **臺灣文化協會在總理林獻堂號召下，於全臺各地召開「全島無力者大會」。**
- 張梗所撰寫的〈屈原〉是最早出現的臺灣作家劇本，刊於《臺灣民報》。
- **臺灣文化協會在霧峰林家舉辦第一回夏季學校，由林獻堂主持。以此為開端連續三年開辦夏季學校，以傳授新知為主要工作。**
- 張我軍在《臺灣民報》第二卷第24號，發表〈糟糕的臺灣文學界〉，掀起臺灣「新舊文學論戰」。

●1924●第一回夏季學校大合照

© 霧峰林家花園林獻堂博物館

1923 年 10 月 17 日，臺灣文化協會召開第三次大會，決議利用暑假辦理夏季學校研習營，開辦各式主題課程——宗教、哲學、臺灣通史、經濟、西洋文明史、科學概論、資本主義、何謂自治等，召海外留學生返臺傳授新知、旨在對抗總督府不平等的教育政策，透過知識的習得，讓臺灣人可以站起來。課程自 1924 年起連續辦理三年，由林獻堂提供霧峰林家萊園作校舍兼宿舍，學員男女兼收，並提供食宿。

由留學廈門的彰化人謝樹元和周天啟倡始、組成彰化鼎新社，社址位於彰化周天啟宅。

楊雲萍、蔣夢筆發行第一本白話文文藝刊物《人人》。

陳進進入東京女子美術學校，成為第一位留日學美術的女子。

周天啟脫離鼎新社，另組「臺灣學生同志聯盟會」。

蔡培火因治警事件入獄服刑時，於臺南監獄創作〈臺灣自治歌〉。

《治安維持法》施行。

魯迅〈狂人日記〉刊載於《臺灣民報》。

劉喜陽、李松峰組「臺灣映畫研究會」，拍攝第一部臺灣故事片《誰之過》。

文協二度開設夏季學校。

《臺灣民報》第67號，創立五週年發行一萬部紀念號，為週刊形式。

「鼎新社」在大甲媽祖宮演出，首度被要求檢查劇本。

臺北無產青年張維賢、范薪傳、陳明棟等人成立「臺灣藝術研究會」。

二林蔗農事件。

張我軍自費發表《亂都之戀》白話文詩集。

文協為提供旗亭以外的聚會場所，在臺中倡議創設「株式會社中央俱樂部」，為日後中央書局之雛形。

文化協會舉辦了315次講演會，觀眾合計117,880人，影響力驚人。

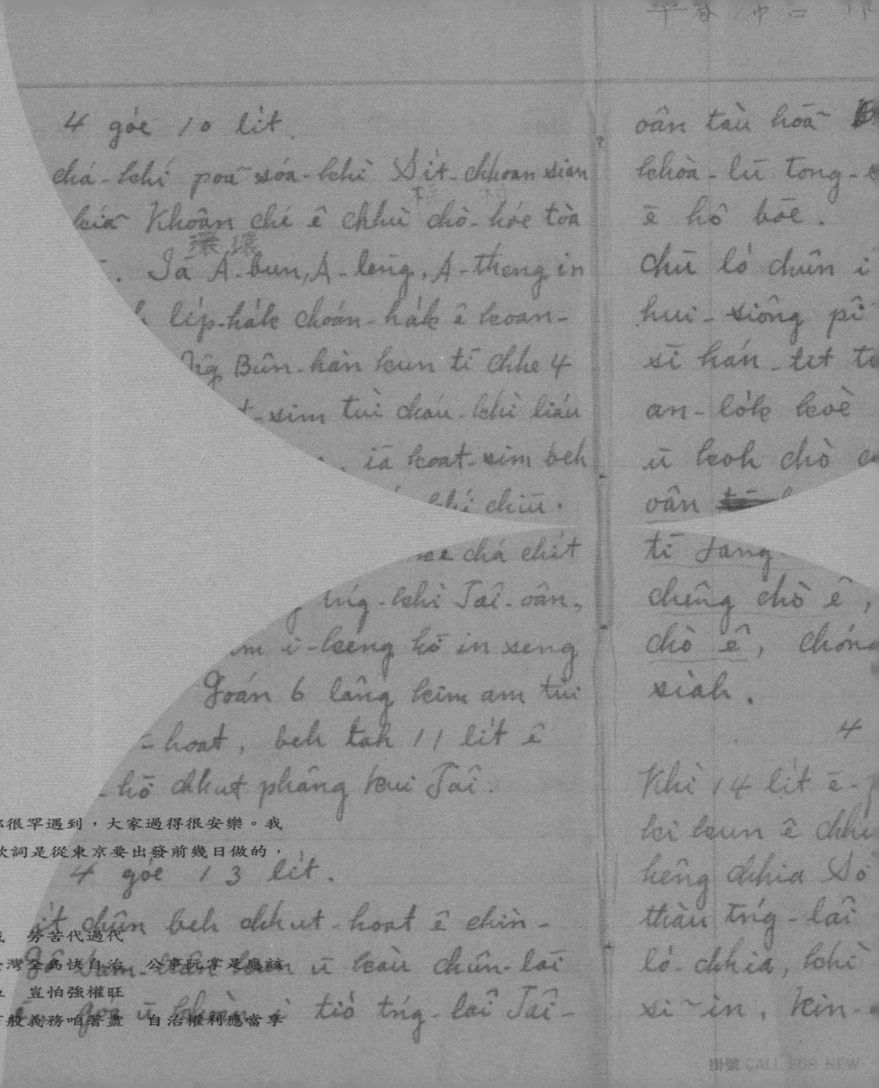

●1925●〈臺灣自治歌〉手稿

蔡培火於1931年4月13日日記中提及關於〈臺灣自治歌〉作詞一事。然蔡培火在後來的自述裡，通稱〈臺灣自治歌〉為1925年因治警事件入獄服刑時，在臺南監獄裡所創作。後人多循後者說法，解釋1931年為修改完成。然不論創作時間為何，都不減〈臺灣自治歌〉的歌詞裡，蔡培火對於點燃臺灣民主、自治之期盼。

日記內文翻譯與歌詞

從上船後到今晚海面非常平，我坐這麼多次船都很罕遇到，大家過得很安樂。我在這幾天有再做一首歌，名叫〈臺灣自治歌〉，歌詞是從東京要出發前幾日做的，譜是在這船上作的，但是恐怕還要大修改。

蓬萊美島真可愛　祖先基業在／田園阮開樹阮栽　勞苦代過代

著理解　著理解　阮是開拓者　毋是憨奴才／臺灣全島快自治　公事阮掌是應該

玉山崇高蓋扶桑　我們意氣揚／通身熱烈愛鄉血　豈怕強權旺

誰阻擋　誰阻擋　齊起倡自治　同聲直標榜／百般義務咱著盡　自治權利應當享

1926

- 賴和發表〈鬥鬧熱〉於《臺灣民報》。
- 楊雲萍發表小說〈光臨〉於《臺灣民報》。
- 賴和〈一桿秤仔〉發表於《臺灣民報》。
- 「臺灣藝術研究會」改組為「星光演劇研究會」。
- 「文協活動寫真隊」成立，開始巡迴行程，播放文化電影。
- 臺灣農民組合創立。
- 蔣渭水創立文化書局，期許「盡新文化介紹機關之使命」。
- 文協第三度舉辦夏季學校。
- 臺北新公園內博物館，七星畫壇舉辦第一次畫展。七星畫壇為第一個由臺灣人組成的畫會組織，發起人有藍蔭鼎、倪蔣懷、陳澄波等人，多為石川欽一郎的學生，創作路線亦以西式畫風為主。
- 陳澄波以〈嘉義街外〉首度入選帝展，成為第一位入選帝展的臺灣人。
- 賴和主持《臺灣民報》文藝欄。

●1927●臺灣民黨合影
© 財團法人蔣渭水文化基金會

1927 年 5 月 29 日，臺灣民黨創會式於臺中市新富町聚英樓（今臺中市中正路與三民路口）攝影留念。臺灣民黨的黨綱為「實現臺灣人全體之政治的、經濟的、社會的解放」，由於違反《治安警察法》，在同年 6 月 3 日被禁止結社。臺灣民黨為「臺灣民眾黨」之雛形，見證了臺灣第一個政黨結社前所歷經的籌組、解散 / 禁止階段。

照片人物名稱

蔣渭水、洪元煌、王鐘麟、彭華英、蔡式穀、蔡培火、黃朝清、廖進平、邱德金（前排左起 2、4、6、7、8、9、10、12、13）；韓石泉、王受祿、盧丙丁、葉榮鐘（第二排左起 9、10、14 戴墨鏡、最右）；林篤勳、黃旺成（後排 2、16）。

1927

臺灣文化協會分裂，夏季學校停辦。

臺中俱樂部開設中央書局。

臺灣文化協會分裂，蔡培火隨後退出文協，文協活動寫真隊形同解散，蔡拒絕交出文協活動寫真隊的設備與影片，後於1927年底重新籌組「美臺團」放映電影。

星光演劇研究會在永樂座義演，捐贈盲啞學校、愛愛寮。

林獻堂、蔣渭水、蔡培火等文協舊幹部另組「臺灣民眾黨」。

《臺灣民報》以增加日文版為條件，獲准在臺灣印製發行，以週刊形式發行。

林獻堂在《臺灣民報》171號開始連載〈環球一周遊記〉，其後共152回。

「新光社」新竹座公演《乞食的社會》遭禁。1927年整年度新劇公演50回，觀眾達18,000人，日警阻撓手段大增，要求劇本送審，演員需有執照。

北港讀書會成立「民聲社」，吳丁炎等會員共十人。

文化協會將蔡培火除名。

第一屆臺灣美術展覽會舉辦，郭雪湖、陳進、林玉山被稱為「臺展三少年」。

陳澄波以〈夏日街景〉(〈街頭の夏氣分〉)第二次入選帝展。

陳澄波〈帝室博物館〉入選第一回臺灣美術展覽會。

臺灣民報 第一百九十三號

創設美臺團 爲民衆趣味生活

留廈學生代表向領事提出要求

●1928●「創設美臺團」剪報
© 財團法人蔣渭水文化基金會

1928年1月29日，蔡培火等人正式成立法人團體「美臺團」。1927年1月，臺灣文化協會創始成員蔣渭水、林獻堂、蔡培火等人相繼退出，臺灣文化協會正式分裂。此後，社會主義路線的連溫卿獲得領導權，綱領改為「以普及大眾文化為主旨」。隨著臺灣文化協會的分裂，文化活動寫真隊形同解散。1927年年底，蔡培火重新籌組「美臺團」，並於1928年1月正式成立社團，接續為民眾播放電影，透過各式主題電影如《丹麥之農耕情況》、《丹麥之合作事業》、《犬馬救主》、《北極動物之生態》、《試探愛情》等啟迪民智。

1928

星光演劇研究會改名為「星光劇團」，在永樂座連續十天日夜演出，創下臺灣演劇的空前紀錄。

文化協會定1月3日為文化日，紀念方向轉變。

蔡培火等人正式成立法人團體「美臺團」。

臺灣工友總聯盟成立，標語「同胞須團結，團結真有力」被沒收。

「日本共產黨臺灣民族支部」在上海成立。

新臺灣文化協會機關報《臺灣大眾時報》創刊，賴和發表〈前進〉，象徵分裂一事。

蔣渭水發表〈勞働節歌〉被禁。

為鎮壓左翼勢力，日本政府在三一五事件，大規模逮捕日本國內的社會主義者與共產主義者，同時向第55屆帝國議會提交了《治安維持法》的修正案。

新文協召開第二屆全島會員大會，遭到警方突擊、被迫解散集會。

陳澄波〈龍山寺〉獲臺展特選。

臺北放送局（JFAK）以官設電臺的名義正式展開對外傳播。

黃天海等宜蘭青年，於12月6日成立「宜蘭民烽劇團」。

●1928●賴和〈前進〉剪報

© 賴和文教基金會

1928年5月7日，賴和的白話散文〈前進〉刊登於《臺灣大眾時報》創刊號。《臺灣大眾時報》為臺灣文化協會分裂之後，左傾的新臺灣文化協會之機關刊物。〈前進〉一文中，賴和以隱喻技巧及純熟的白話文學手法，表達對左翼運動的支持，不僅象徵臺灣文化協會的分裂，也在臺灣散文史立下里程碑。

〈前進〉部分內文

他倆沒有尋求光明之路的意識，也沒有走到自由之路的慾望，只是望面的所向而行。礙步的石頭，刺腳的荊棘，陷人的泥澤，溺人的水窪，所有一切前進的阻礙和危險，在這黑暗統治之下，一切被黑暗所同化；他倆也就不感到阻礙的艱難，不懷著危險的恐懼，相忘於黑暗之中；前進！行行前進，遂亦不受到阻礙，不遇著危險，前進！向著面前不知終極的路上，不停地前進。

1929

- 蔡培火全力推動羅馬白話字普及運動，編羅馬字課本一冊，寫宣傳歌。
- 臺灣農民組合於「二一二事件」遭到大檢舉。
- 新文協的辦公室也在二一二事件遭搜索，內部產生溫和／激進路線的衝突。
- 蔡培火等人舉辦三期講習會，推行易懂易學的白話字，普及平民及社會教育。
- 蔡培火於臺南武廟成立羅馬白話字研究會。
- 蔡培火創作〈咱台灣〉，1934年由古倫美亞公司請林氏好錄製為唱片。
- 蔣渭水發表修改後的〈勞働節歌〉。
- 陳澄波以〈早春〉第三次入選帝展。
- 連雅堂〈臺語整理之頭緒〉刊於《臺灣民報》。
- 臺灣民眾黨反對鴉片漸禁政策，並訴諸日內瓦國際聯盟。

1929
〈咱臺灣 Lán Tâi-oân〉手稿
© 國立臺灣文學館

〈咱臺灣〉創作於1929年4月15日，這一天，蔡培火在日記裡寫道：「總督府所募集了的臺灣歌謠，攏無通到偌好。自月初就想也愛家己做一塊看，詞佮曲到今仔日才攏做好。」其中「詞佮曲」所指，便是傳唱至今的〈咱臺灣〉。傳唱之廣，在日治時期大小社運集會中皆可聽聞。1934年，古倫美亞公司更請歌星林氏好錄製為唱片，可見其風行程度。

1930

- 週刊《臺灣新民報》在1月合併《臺灣民報》後，於3月正式發刊。
- 復刊《新臺灣大眾時報》，並於1931年7月停刊。
- 前往日本研究戲劇的張維賢返回臺灣，籌組「民烽劇團」。
- 「臺灣地方自治聯盟」成立，林獻堂、楊肇嘉、蔡培火等人為創立成員。
- **臺灣新文化協會會員黃石輝在《伍人報》一連四期發表〈怎樣不提倡鄉土文學〉等文，鄉土文學論戰開端。**
- 謝春木、白成枝等人編《洪水報》創刊。
- **文化協會在彰化開中央委員會，決議開除林獻堂，選王敏川為中央委員長。**

1931

- 《臺灣新民報》345號上，黃周發表〈整理「歌謠」的一個提議〉，主張應為固有文化保存臺語歌謠。
- 臺灣民眾黨第四次黨員大會，蔣渭水主導討論黨則修改案，民眾黨遭勒令解散。

●1930●《臺灣新民報》紀念照

© 中央研究院臺灣史研究所檔案館

1930 年 3 月臺灣民報社與臺灣新民報社正式合併，並自 1930 年 3 月 29 日改為發行週刊《臺灣新民報》，以「五百萬民眾的支持．臺灣人唯一的言論機關」為己任，寫作語言以漢文為主體，並輔以三分之一的日文篇幅；以臺灣人的立場來進行報導，致力於平衡日系報紙中袒護日人的言論。此張紀念照為 1930 年 3 月 22 日上午，《臺灣新民報》召開編輯營業會議前，主要成員於報社前的合影。照片中人物為：和文科主任謝春木、取締役林履信、專務羅萬俥、社長林獻堂、取締役林資彬、編輯部部長林呈祿、漢文科主任黃周（前排左起 1、3、4、5、6、7、8）；臺南支局主任郭發、新竹支局主任黃旺成、會計係主任林煥清、本社記者何景寮（第二排左起 3、5、6、7）；臺中支局主任李金鐘（後排左 4）等。《臺灣新民報》發行後，林獻堂、羅萬俥等人仍與臺灣總督府持續談判，最終獲得許可，於 1932 年 4 月 15 日成功轉型為日刊。

- 郭秋生在《臺灣新聞》開始連載〈建設臺灣話文一提案〉，主張臺灣話文字化，掀起臺灣話文論戰。
- 蔣渭水因法定傳染病傷寒病逝，當日移靈火化。
- 蔣渭水大眾葬。
- 臺灣文化協會分部黨員決定解散文化協會，組織大眾黨。

●1931●蔣渭水臺灣大眾葬葬儀
© 財團法人蔣渭水文化基金會

1931 年 2 月，蔣渭水領導的「臺灣民眾黨」遭勒令解散。6 月新文協停止運作，名存實亡。12 月，臺灣文化協會分部黨員決定解散文化協會，組織大眾黨，至此臺灣文化協會退場於歷史洪流之中。而在這之間，8 月 5 日，蔣渭水因傷寒病逝，依法規定遺體須當日火化；同年 8 月 23 日，於大稻埕舉行「故蔣渭水氏之臺灣大眾葬葬儀」——葬儀冠以「臺灣」之名，「大眾」則有蔣渭水與庶民平等之意。在儀式過程中，弔聯、輓軸皆受日本政府當局檢閱，並沿途由警察監視，參與大眾葬儀行列者達五千名，這是一場庶民葬式的葬儀，他們憑弔的，是一段臺灣人民的一九二〇年代記憶。

目次

二〇二一年，台灣全國各地為紀念文協成立一百年，舉辦了展覽、音樂會、講座等活動。為了記錄也為了使更多讀者知曉訊息，當你在段落之中看見 ꝏ 這個符號，可以在次頁看見於百年後的現在，屬於我們的「全島大串連」。

10篇日記文本 X 10個議題

100年前的文化

思潮、政治與社會運動

生存、生活與文化發展

FROM 1921——TO 2021

動 X 100 年後的新文化運動

編輯的話
——文化吸收叮嚀

掛號，可以是對當代臺灣的兩種對應：

郵局的掛號，讓人民親手接收最新的資訊，傳遞最濃厚的情感，建立美好連結；醫院的掛號，讓民眾經過諮詢、確診、領藥流程，恢復健康生活。如同當年臺灣文化協會的眾人，希望透過不同的路徑——議會請願運動爭取人民權利，文化教育啟發人民智慧——得以讓生長於臺灣、生活於臺灣的人民成為自己生命的主人，而這第一步，或許就是我們終得以開始思考：我們是誰？我們來自哪裡？我們將要走向何方？

然後，開始能「用我們的口，說自己的文化」。

歷史，是什麼？

喜歡歷史的人，或許可以說什麼也比不上一場精神的、價值的、文化的、思想的革命／時代更讓人覺得有興趣了解了，一九二〇年代的臺灣正是充滿這樣元素的所在——

在那個時代，

他們會認真寫一封長長的信邀請前輩成為夥伴；

他們會時常走動拜訪彼此，吃著薄餅配茶配咖啡，聊著辦雜誌辦講演會一事，囑咐協會人員名單要盡快轉交給某某某不要拖延病發作；

他們會與朋友彼此辯論組織方向、甚而大吵特吵到絕交，但其實一心想著的都是臺灣怎麼樣才會更好；

他們在重大事件／重要活動也跟我們現在一樣會留下許多排排站的大合照留影；

他們有的人其實也有些當時覺得沒那麼穩妥的嗜好像是沉迷麻將，並對休閒活動傲嬌地覺得自己品味比較獨特；

他們開始追求自由、自決，從國家大事到人生大事，要人人生而平等，要自己的戀愛婚姻自己決定；
他們留下了許多身處當代的我們細細一想便能深受啟發或感動的文字、歌謠；
他們讓我們看見不知道終究是不是徒勞但卻不能讓自己後悔的奮鬥與寄望……

《掛號 10X10——文協百年紀念特刊》與以往《掛號》一樣，我們仍然在找尋為什麼需要了解這段歷史的答案，也仍然持續用力嘗試，並且每一次都用很不一樣的方式與這段過去發生對話、與讀者發生對話。從雜誌、漫畫、遊戲，到這次特刊，我們挑戰的，是轉瞬即逝卻被封存下來的許多特別的「當下」，是滿滿文字裡更多深度的「思考與觀點」——前者我們邀請了 9 位作者研讀百年前文人志士的日記，提取出 10 篇日記中有趣、有意義的「當下」；後者我們收錄了 11 位當代意見領袖，針對 10 個議題發出提問、提出屬於 21 世紀當代的「思考與觀點」。我們希望透過有點挑戰的閱讀分量，讓更多真實的過去被呈現、更多待定義的現在被思考、更多可想望的未來被期待。

在一百年之後的現在，了解過去的臺灣，或許讓人真正感興趣的，不只是那些獨特性——事件的獨特、人的獨特，而是在這些獨特性之中，有什麼是普遍的，有什麼是跟我很像的，那我怎麼看一百年前的他們為什麼做出這些決定？我怎麼在我的人生裡遇到相似（但一定不會相同）的究極選擇題裡，參考他們的經驗，做出讓自己更接近自由、自決、平等、正義……或是任何自己希望靠近的價值？

歷史，就是過去與現在之間，永無止境的對話。

——主編 劉玟苓

●思潮、政治與社會運動

#國際趨勢#新思潮
——在踏尋西方價值的同時 / 臺灣不只是臺灣人的臺灣？
#社會運動#音樂
——一百年前的臺灣頌 / 你聽見土地的歌了嗎？專訪桑布伊
#知識
——我的心願是臺灣的進步 / 耳朵與大腦的爭奪權，你上車了嗎？

●生存、生活與文化發展

#文化運動
——在「北水南火」日記中讀見文協運動 / 百年探索：什麼是臺灣文化的精神？
#自由戀愛
——不只文明政治社會，也要文明感情婚姻 / 當臺灣人開始追愛時，啥款？專訪殷振豪
#飲食
——新時代的新飲料 / 咖哩跟飯，你是攪拌吃派？還是分開吃派？
#休閒
——合宜的娛樂？不合宜的娛樂？ / 看電影，是休閒娛樂？還是展現地位？
#疫病#衛生
——臺灣衛生觀念養成術 / 指揮中心快訊！你知道百年前就有防疫政策了嗎？

●歷史、時代與人

#歷史
——兒子眼中的現代爸爸 / 這段歷史，跟我有關係嗎？
#人
——一百年前，身為一個臺灣人 / 一百年後，身為一個臺灣人？

#歷

10篇日記文本

10

100年

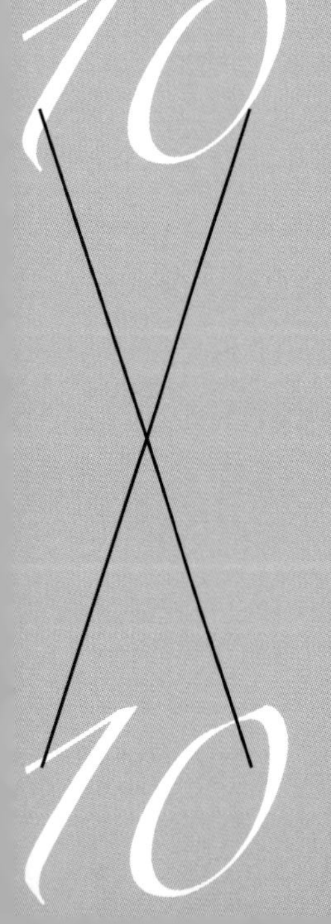

100 年，我們人類似乎總是對於
這個機會，一起發起思考、辯論

100 年的時間長度是什麼感覺？
100 年可以發生多少事？
100 年之前跟 100 年之後有什麼

100 年前的文協志士，或許無法
靠近了些，並且不斷努力繼續靠

100 年後的臺灣人，卻非常幸運
造者。

在此次主題企劃裡，我們透過三
的行動為核心，推展到當代生活
題提問；其間穿插 10 位當代文化
希望與讀者一起認識臺灣文化協

與現代的對話 # 歷史與自己的關係 # 歷史中就是現在 # 歷史中就是未來

議題提問

100 年前的文化運動

的新文化運動

又是一個大數字，覺得需要特別紀念、特別關注，在這個時刻，我們或許是為了藉機抓住

？

後的臺灣，已然成為了一個實現民主、自治、自由、平等（或者說我們比他們往這些價值更

過日記、報章雜誌等歷史文本，成為那個年代的傳話者，並且在我們這個世代接續成為創

思潮、政治與社會運動」，「生存、生活與文化發展」，與「歷史、時代與人」來規劃，以文協
層面，再論及跨時代的對話思考，延展出 10 篇日記文本解讀與 10 個結合現在與過去的議
說自己文化，並收錄 2021 年「文協百年全島大串連」全臺文化活動蓬發的盛況。以此我們
前後臺灣的文化演變，以及認識現在的我們如何安放自己於時代、世界。

#國際趨勢
#新思潮

天候

雨

立共生何
八月德白
大亞至白
特衛普
小不能敵
見之目而
居於小者
東方之眼
則情願
中望奴隸
者是自由
愛自由之人
也

「噫！
東方人所愛者是利，西方人所愛者是自由。
愛利之人若以利誘之，則為奴隸亦所甘心；
愛自由之人則不自由毋寧死，此則東西之所大異之點也。」

年義　ブラセル　イ—プ—レオタル

東慨雖知不敵死勝受辱一九一四年
礮火交綏互有勝負其德軍援兵
基漸次失守力不能支白王乃遷都安
基爾市長恐全市糜爛乃率市民出降夫
不能敵家弱不能敵強此不待兵戎相
之勢已决矣白耳義為其自由與獨立
的地位亦不惜犧牲一切以衛之若以
必笑其愚謂其所不償所失設使他
地借給人家作戰場而自己則在其
利噫東方人所愛者是利西方人所愛
人若以利誘之則為奴隸亦所甘心
自由毋寧死此則東西之所以大異諸

《灌園先生日記》

1927-11-06

日記 01

在踏尋西方價值的同時

文字◉陳冠帆

獨立撰稿人

牛罵頭拍瀑拉後人。臺藝大應用媒體藝術所碩士，跨足文化、藝術、設計、行銷等領域。視傳承臺灣故事給下一代為重要使命，女兒兩歲已知謝文達開飛機，對這件事很自豪。

1927年臺灣文化協會分裂之後，時年47歲的林獻堂，便偕同兩位兒子林攀龍、林猶龍遊歷歐美，除了暫避人事紛擾，也有效法梁啟超考察他國政治民情，以裨益於未來政治事業的推動之期盼。

彼時第一次世界大戰已結束，歐洲各國正重振政治與經濟，這樣的時代氛圍呈現在1927年的《灌園先生日記》中，多處記載林獻堂殷勤聽取與學習，在每個城市落腳後的第一晚，他便詳細記錄國情、人口數、歷史、氣候，乃至國民賴以為生的產業，甚至連當地時尚趨勢，都加以觀察。在柏林，他看到德國人製樟腦產業「已大成功」，憂心臺灣天然樟腦將受到打擊；於巴黎，他更記下「巴里[1]婦女服粧（裝）現時流行黑色」。

戰後各國文明發展與建築式樣，讓林獻堂留下深刻印象，眉眼所見都是新奇，甚至與家鄉比照。11月14日，他遊歷在「夕照將殘，晚燈初上」的「光明之巴黎」街上時，有感而道：「余遊英、德、和[2]、丁[3]、白[4]，皆不見市街有亭子脚，中國各處亦皆不見有亭子脚，獨不解當日臺灣之建設市街，其亭子脚建築式從何處倣來。」隨著對各國歷史與民族性進一步了解，林獻堂也時常表達對歐洲國家的褒揚之情。

舉例來說，林獻堂於10月15日抵達德國柏林，10月24日前往參觀皇帝博物館與眾議院，發現德國戰敗後雖一度經濟萎靡，但自德國國民黨[5]內閣成立以來，向美國借款、整理濫發紙幣及振興工商業，經濟已恢復，就業率甚至高於英國，幣值亦與戰前無異。細細觀察柏林雄大建築物與壯麗市街，林獻堂得出該國發展無可限量，本於國民精神勇敢之結論。「德國以一國而與世界戰，雖敗猶以為榮，故其國民勇感（敢）進取之精神，未嘗小挫。凡國家偶有失敗而受異族壓逼，其國民之精神則萎靡不振，其國之亡可立而待。若再接再厲，勇往

1：巴黎。 2：和蘭，即荷蘭。 3：丁抹，即丹麥。 4：白耳義，即比利時。 5：即威瑪共和時期。

直前，有此精神之國民，現在雖處於失敗的地位，將來必有復興之一日，德國之國民精神如是，其將來之發展尚未可限量。」從「受異族壓逼，其國民之精神則萎靡不振」一句中，可以想像，讚嘆他國成就並非其意之盡處，憂臺憂民，似乎才是其精神之所歸。

11月上旬遊歷比利時期間，林獻堂看到的是一個處於英、法、德三強之間、堅守中立原則的小國。在11月6日的日記上，林獻堂大筆寫下比利時對自由與獨立的堅持。當時比利時受列強保護，訂有中立條約。1914年一次大戰初起，德國欲從比利時攻往法國，林獻堂謂比利時「忠誠保守各國條約及自己中立國的地位，寧死不肯屈伏」，他認為「白耳義為其自由與獨立，雖居於小者、弱者的地位，亦不惜犧牲一切以衛之，若以東方人之眼光視之必笑其愚，謂其所得不償所失，設使他則情願將土地借給人家作戰場，而自己則在其中望收漁人之利」。

對臺灣狀況的憂慮，也許促使他在思維上對自身文化展開剖析，相較於比利時堅守自由與獨立，而臺灣政治自主之路卻無法推進，甚至連文協內部都出現分歧。強烈的觀感對比，也許刺激著林獻堂的神經，為此，他由衷感嘆：

「噫！東方人所愛者是利，西方人所愛者是自由。愛利之人若以利誘之，則為奴隸亦所甘心；愛自由之人則不自由毋寧死，此則東西之所大異之點也。」

此類記載，在日記中隨處可見；接觸異國城市文明與民族性，讓林獻堂對身為被殖民者臺灣人的困境有更深層次的感悟。

從1927年5月離開臺灣，至翌年5月返抵東京休養為止，這趟環球之旅長達一年之久，足跡遍歷歐美十餘國。林獻堂將這趟旅遊見聞改寫成〈環球遊記〉[6]，連載於《臺灣民報》與《臺灣新民報》[7]，共計152回。臺灣對於民主與自由的萌芽，始於大正時期對歐美民族自決潮流的間接學習，在20世紀初期，臺灣知識分子將西方議事制度視為模仿學習的泉源，並進一步轉變為向內反省，試圖在土地上建立自主自治的政治改革。這些日記不僅是林獻堂研究的珍貴史料，更是日治時期臺灣人踏尋西方價值的同時，反思臺灣人民出路的前瞻性文本。

6：前四回題名為「環球一週遊記」，自第五回起定名為「環球遊記」。　7：1927年8月28日第171號起，至1931年10月3日第384號止。

10X10 特別企劃：

「如果把網路當成一個城市，每個與我們擦肩而過的網站都是一個路人，他們身上的穿著打扮與談吐，都是不同文化孕育出來的樣子。我們在城市裡漫步、搜尋，有些人能抓住我們的眼光，有些人則在我們的眼角一閃而逝。

我們在網路這個大城市裡相遇的每一個人、每一個網站，他們之間唯一共通的連結是『我』，『我』身為臺灣文化底下的產物，如何和這些網站背後的人們互動、和世界產生連結。帶著臺灣文化的底蘊、與對他者的文化觀察，用共同話題將擦肩而過的人相連，在網路城市裡織出新的故事。」

——台灣數位外交協會理事長，郭家佑

提問 01

臺灣不只是臺灣人的臺灣？

文字◉涂豐恩
——故事 StoryStudio 創辦人

臺大歷史系畢業，哈佛大學東亞系博士，現任故事 StoryStudio 執行長，聯經出版總編輯。

「臺灣是臺灣人的臺灣！」

這段激動人心的話語，最早的原型出自日本明治大學教授泉哲之手，對當時臺灣爭取權利運動頗具同情的他，在〈告臺灣島民〉一文中強調「需自覺到臺灣並非總督府的臺灣，而是臺灣島民的臺灣」，文章一出，應該讓許多臺灣青年頗受感動。而後，蔡培火將加以改寫為我們今天熟知的模樣，也讓它在許多知識青年間流傳。

百年來，這句話迴盪在許多人心中。臺灣的命運應該由自己掌握，而不是由外力與強權決定。這看似理所當然的道理，卻因為臺灣獨特的歷史過程，成為人們需要努力追求、反覆強調的夢想，也讓這句來自一九二〇年代的話語，在一百年後的今天，依舊激起許多共鳴。

是的，臺灣是臺灣人的臺灣，
這句話道出百年臺灣人追求自治、
自由與自主的渴望。 但如果
我們回到一百年前的臺灣，當時
似乎還有另一個理想也正在萌芽，
相較之下，它沒那麼為人所熟知，
但今天看來卻同樣深具意義，而且
對於今天的我們，也許更具有啟發
——我指的是當時知識分子們
對於世界的渴望、嚮往與探求。[1]

近來，當我在閱讀一九二〇年代、臺灣文化協會成立前後的文獻時，總會被這樣的傾向與姿態所吸引，無論它是以熱情還是內斂的形式呈現，彷彿藏在字裡行間的星光般，熠熠閃耀。

讓我從1923年12月16日說起

這天一早，臺灣總督府發動了一場突如其來的大逮捕，全臺從南到北，有近百人遭到拘捕、搜查和傳訊，其中許多都是當時社會上的知識精英，包括蔣渭水、蔡培火、陳逢源、王敏川、韓石泉、賴和[2]等等。這些人有個共同的背景，就是同為「臺灣議會期成同盟會」的成員。

幾年前開始，臺灣的知識精英以設立臺灣議會為目標，屢次發起請願運動，早就引起殖民政府側目。1921年10月，「臺灣文化協會」成立，雖然是以促進文化為名，但臺灣人社會運動的組織與力量顯然更見成長，自然也要引起統治者不安。到了1923年「臺灣議會期成同盟會」成立，再次踩到紅線，總督府因此以違反《治安警察法》為名義，將這群運動人士一網打盡。

大逮捕隔年，臺北地方法院開庭審判，代表日本官方的檢察官三好一八與代表被告的律師們分別發表陳述，一邊指責參與者年輕無知，對於政治完全沒有經驗，另一邊則強調他們「有大志，憂國慨人」。

雙方來來回回，針鋒相對。辯論的最後，身為被告的蔡培火突然提出要

文協百年 全島大串連

1《百年情書‧文協百年》

國立臺灣文學館、財團法人陳澄波文化基金會

國立臺灣文學館辦理的《百年情書‧文協百年》特展，將百年前知識分子的熱血追求重現眼前——「文化運動」是知識分子使盡方法，向大眾傳遞一封又一封名為「啟蒙」的情書。展覽共展出百餘件作品，包括賴和手稿、白話字文獻、第一次展出的《蔡培火日記》等珍貴史料，並與財團法人陳澄波文化基金會合作，展出陳澄波、李澤藩、洪瑞麟、陳植棋等人的作品。

2 賴和文教基金會、賴和紀念館

賴和文教基金會、賴和紀念館

1994 年時值賴和百歲冥誕，民間發起賴和文教基金會；隔年，賴和紀念館於賴和醫館舊址成立。館內不僅收藏大量賴和手稿、遺物、字畫等文物，亦收藏彰化多位重要作家之手稿，以重現日治時期彰化文人的風骨與精神。

求，希望能親自參與答辯，而且期待檢察官在場。最後，庭長同意讓被告推派五人——林幼春、林呈祿、陳逢源、蔣渭水、蔡培火，負責代表答辯。這個決定，給了五個人表現的舞臺。在眾多觀眾面前，他們慷慨陳詞，不只反駁檢察官指控，更提出對於日本殖民政策的批評、敘述對臺灣前途的想法。他們的發言，是臺灣近代思想史上極為重要的一段文獻。

其中，蔣渭水尤其雄辯滔滔，一口氣講了七點意見，回應檢察官指控，但第六點才講到一半，就被裁判長制止，第七點講沒幾句，又被制止。蔣渭水只好直接切入結論，他說：

「我要感謝神明，使我生做臺灣人，是因為臺灣人把握世界平和的鎖鑰咧，世界平和的第一關門，是東洋的平和，以中華民族做日本國民的臺灣人，應具有做日華親善之楔子的使命，依着臺灣人遂行這使命，東洋的平和，才能確保，世界人類的幸福，才能完成。」

臺灣人的使命

在這樣的場合，蔣渭水固然為自己推動議會運動、成立文化協會的行為辯護，但他並沒有停止於此，而是道出了一個更為高遠的理想，一個他認為只有臺灣人能達成的使命：日華親善、世界和平。

是因為要達成這樣的理想，所以他們需要文化協會，要開啟臺灣的民智，要提升臺灣的文化風氣，要讓臺灣人能夠肩負起這個巨大的時代使命。

蔣渭水會說出這些話，並非只是臨時起意。早在幾年前，文協的成立大會上，他就透露過一樣的念頭。當時他說：「我們臺灣人負有媒介日華親善，以策進亞細亞聯盟的實現，招來世界和平的全人類之最大幸福的使命就是了。」

他還問：「這豈不是很有意義且有很重大的使命嗎？」

蔣渭水何以會有這些想法，有其思想的時代脈絡，在此無法細談。我引用這段故事，想說的是，當蔣渭水在思索臺灣命運的時候，他並非只是就臺灣論臺灣，也並沒有止於對抗日本殖民，而是從世界的角度尋找這座島嶼的定位。更重要的是，在他的思考中，臺灣不只是一個被動的、跟隨的角色，它可以主動、積極去創造歷史，去改造時代。所以，臺灣雖然不幸淪為殖民地，但他卻仍要感謝神明，讓自己可以生做臺灣人。

蔣渭水是唯一這麼想的人嗎？如果我們瀏覽同時代的文獻，會看見相同理念，在其他地方也出現。比如留學日本的林呈祿，就曾在《臺灣》雜誌創刊號的創刊詞〈臺灣的新使命〉中寫道：「地球之一部分的臺灣、人類之一分子的島民，應急起直追適應新時代，啟發精神的、物質的文化，從而貢獻於改造世界的大業。」

臺灣是世界的臺灣

以往我們講到一九二〇年代的臺灣，談到文化協會的成立，總會說當時的知識分子積極引入世界思潮。這一點確實不錯。〈臺灣文化協會旨趣書〉中就寫到：「臺灣海峽實乃東西南北船舶往來之關隘，同時亦是世界思潮遲早必見合流之所。」當時的世界思潮，確實在臺灣匯流，文化協會的知識分子們，也積極地調度世界的思想資源，無論他們是來自西方、日本，還是中國。

但正因為重視各方的思想資源，他們也十分注意世界局勢的動向。蔣渭水或許是其中最突出的例子。當年他因前述治警事件，而鋃鐺入獄，卻在獄中發奮用功，拚了命地讀書，主題涵蓋東亞歷史、西方思想、醫學、宗教、小說，不一而足。

他也特別留心世界上其他的受壓迫者。日本特高警察曾針對臺灣的政治運動分子進行調查，他們在報告中特別提到，蔣渭水不只喜愛閱讀各類思想雜誌，更喜歡研究印度的顏智、愛爾蘭的瓦勒拉，還有世界黑人運動領袖賈維——其中印度的「顏智」，就是我們今天所知的「甘地」。當年，甘地反抗大英帝國的行動，使他成為許多文協成員崇拜的對象，據說在文協的讀報社中，還掛有甘地的肖像。

我還可以舉一個較少為人注意的例子。1929年，蔣渭水曾邀請一名來自捷克的記者卜吉比索爾，在大稻埕發表演講，談他環遊世界的經歷，以及捷克的解放運動。根據當時《臺灣民報》報導，卜吉比索爾剛到臺灣時，沒有接受太多援助，總督府也置之不理，但當蔣渭水邀請他登臺演講，卻引起了民眾好奇，讓會場擠得水泄不通，甚至因為太過轟動，當講者說到捷克的解放運動時，還遭到現場警察介入，而被迫中止。這個小例子，展現出蔣渭水對世界動態的關懷與敏感。

他把世界帶進臺灣，是相信臺灣可以走向世界。

1925年8月，在德國弗萊堡大學獲得醫學博士的王受祿，出席了文協舉辦的夏季學校，地點在臺中霧峰林家的萊園。他的講題是「外國事情」，他說道：「對於被統治者的幸福是什麼，心的自由為第一。外觀雖然和平，若沒有心的自由，而受束縛，這該殖民地的民眾就不能說是幸福了。」然後他開始分析語言在追求文化自主中的重要性，並舉了亞爾薩斯與洛林為例，說明如果不能運用自己的語言，則文化發展只能遲緩停滯。但最值得注意的是，他在演講最後，提醒所有的聽眾說：「對這一點我們

文協百年

全島大串連

3《樂為世界人——臺灣文化協會百年特展》

國立臺灣歷史博物館特展

由臺灣歷史博物館發起的《樂為世界人——臺灣文化協會百年特展》，從 1921 年蔣渭水作詞的〈臺灣文化協會歌〉第三段：「但願最後完使命，樂為世界人」作為起點，採取當代用以討論社會議題的面向——積極認識、懷抱理想、勇於實踐以「公民」、「性別」、「身體」、「資訊」、「城鄉」、「全球化」等，定義「世界人」，並由此帶出過去的臺灣人如何認識這個世界，對總體世界提出什樣的觀察與理想，又如何藉此認知自己的使命、改變自己、進而介入這個世界。

臺灣人似應加深切的考慮。我們需要把『臺灣是世界的臺灣』的念頭置在腦裡才好。」

近來研究一九二〇年代各地反殖民思潮的學者指出，當時許多殖民地思想家所想的，都不只是打倒殖民政權——儘管這也很重要——而是創造出他們心中理想的世界。在這一點上，臺灣的知識分子們，可說是有志一同。

在文協成立一百年後，在當年的殖民統治者已經離去、在臺灣人不再只能反抗壓迫，而是對自己的命運有更多決定權的當下，我常在想，當年的歷史對於今天的讀者，乃至於更年輕一輩的臺灣人，還能有何啟發和意義？

對於我而言，上面所談的，或許正是當年的理想，還能感動與鼓舞人心的地方：臺灣是臺灣人的臺灣，但它也可以是擁抱世界的臺灣。

一百年後的今天，我們有著比當年更多的資源與機會，認識世界、走向世界。當臺灣的年輕人還常常被指為世界觀不足，但許多人仍抱怨著臺灣媒體缺乏國際新聞。我卻看見已經有不少人，包括身邊的朋友，也是懷抱著上述的理想在努力。如我在不久前參與了「台灣數位外交協會」的成果發表會，看見這群平均不滿30歲的年輕團隊，透過這種創意的方式、數位的手法，把臺灣各種資訊帶向世界，而且讓許多外國朋友進一步對臺灣產生了好奇和興趣（比如帶領十多國外交使節一同參與媽祖遶境），讓人要忍不住鼓掌。

大概在「故事」網站成立前後的那一陣子，臺灣逐漸有股呼聲，是希望「自己的歷史自己寫」，背後主要原因，牽涉著臺灣歷史寫作與歷史教育長年以來的問題。經過這些年，我們確實看到越來越多書寫臺灣歷史的作品，乃至於各種形式的轉化，不管是戲劇、遊戲、展覽等等。來自不同領域的實踐者，各展其長，令人敬佩也令人讚嘆。

不過我始終有個想法，就是在「自己的歷史自己寫」之外，可以更進一步：從我們的角度，也書寫別人的歷史。或許正因如此，當我看見一百年前文協成員們對於世界的好奇時，格外地感受到共鳴。

臺灣無法自外於世界，臺灣歷史也必須與世界歷史的框架、潮流結合在一起。或許唯有帶著更為寬闊的視野去認識世界，我們才可能回過頭來對於自身有著更為深刻而豐富的理解。借用蔣渭水的話，如果我們有一天能創造出「世界史中的臺灣」、甚至是「臺灣出發的世界史」，那「豈不是很有意義且有很重大的使命」嗎？

#社会運動 #音樂

□話□□究□□期五十餘名皆為男人
第二期增加十餘名增加的多為女人
《科学精神》原稿寫完>

góa khùi, nā-sī chin-tiūⁿ bōe-sái-tit, kiò
In chiah chiàu in ê ì-sù pān. Kàu 6 tiám
ê sî ū kiò tiān-oē lâi thong-ti góa, Kéng-
chhat-sū beh ~~[illegible]~~ m̄ chai, kóng nā ē-thang
tek Chhī ê Ha̍k-bū-kē ê seng-lí chiū hó.
Góa chò góa chiàu î-tēng chìn-hêng. Gián-kiù-
seng ū gō͘-cha̍p gōa lâng, lóng-sī cha-po͘-lâng.

3 goe̍h 31 ji̍t.

Kho-ha̍k Cheng-sîn ê goân-kó siá oân.
Kin-á-ji̍t tú-sī Pè-oē-lī Gián-kiù-hōe Tē-jī-kî ê
thâu chit-kang. Gián-kiù-seng ke thâu-kî cha̍p gōa
lâng. Iā ū cha̍p gōa ê hū-jîn-lâng chham-ka.
Kiù-kéng hó-sū chò ~~[illegible]~~ lí-sióng seng-sim chò khì
kàu-bóe lâng sī tek-khak ê lí-khì!

4 goe̍h 1 ji̍t.

Chóng-tok-hú só͘ bô-chip kàu ê Tâi-oân hoa-iâu,
lóng bô thang ~~[illegible]~~ kàu kóa hó. Chū goe̍h khe chiū sūⁿ
iā ài kā-tī chò chi̍t tè khòaⁿ, sūi kap khek kàu

Chóng-
lóng b
iā ài

「總督府所募集了的臺灣歌謠，攏無通到偌好。
自月初就想也愛家己做一塊看，詞佮曲到今仔日才攏做好。」

《蔡培火日記》

1929-04-15

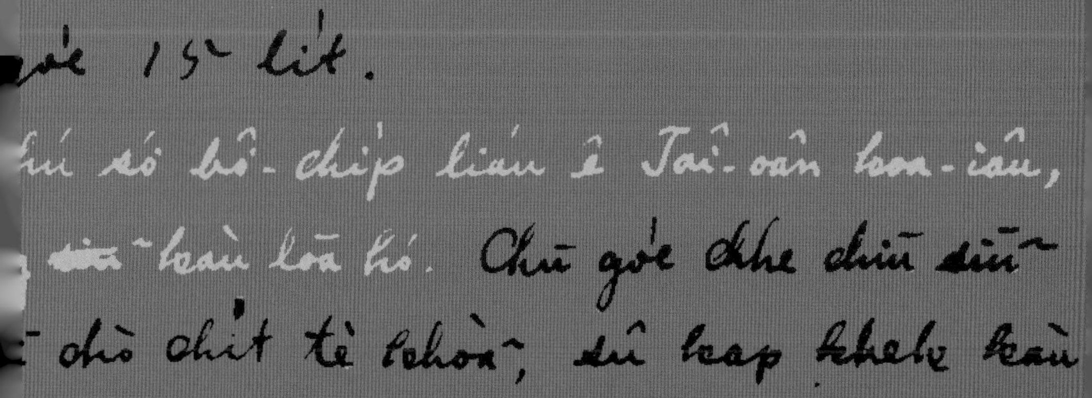

15 lit.
bô-chip liáu ê Tâi-oân koa-iâu,

日記 02

一百年前的臺灣頌

文字◉黃裕元

國立臺灣歷史博物館
助理研究員

唱片歌謠研究者，在臺史博主辦「聲音的臺灣史」系列研究專題，經營「臺灣音聲100年」網站平臺。

在臺灣，每到選舉日近，電視、廣播、街頭巷尾便開始響起一些競選歌曲，有的是眾人都熟悉的歌，有的是全新創作，也有老歌填詞重唱版。就像人間選戰、歌謠也熱鬧參戰一樣，類似這樣的「歌謠戰」，早在1921年文化協會成立時就開始發生。

編作歌謠作為宣傳，在臺灣文化協會運作的十年間特別盛行。初創時以〈臺灣文化協會會歌〉、〈臺灣議會設置歌〉最常傳唱，文協左傾後，主要愛唱一些農工運動主題的歌。當時是在集會活動中教唱，遊行行進間合唱，或穿插在戲劇裡演出，靠著民眾口耳相傳傳播。在同一時間，官方宣傳歌謠也有所發展，透過學校教育教唱，後來還有廣播、麥克風，甚至灌錄唱片。

這場「歌謠戰」，其實是日本人先動手的。20世紀初在臺日人漸增，近代編唱新歌謠的文化滲入臺灣，在臺的日本教師開始新編歌謠，讚頌國威、傳達忠君愛國思想，也闡述臺灣各地特色，表達愛鄉愛土的精神。作品很多，其中以1910年國語學校教授宇井英、高橋二三四編寫的〈臺灣周遊唱歌〉最為成功，是以日本傳統「七五調」的節拍作成長篇歌謠。

1928年昭和天皇登基慶典，總督府委託臺灣教育會[1]發起創作募集，經過半年的收件、審查，分別從195首、93首的新式歌曲、日式歌謠裡，挑出各六首，發表在報紙上，再經譜曲徵選後，完成詞曲，1929年6月起在臺灣各都會舉辦發表會，也灌錄成唱片、在學校教唱，所謂「臺灣之歌」大出風頭。

這幾首當時徵選出的歌曲，以〈お祭り日〉、〈水牛〉兩首歌最具意義，這兩首的作曲陳華堤、郭明峯兩人，是大稻埕的公學校教師，

1：1901年成立，以日籍教育者為主要成員。

兩曲後來還收錄到公學校唱歌課本。〈お祭り日〉唱的是臺灣神社的慶典，讚頌臺灣物產的豐收，〈水牛〉唱的是鄉間水牛閒適生活的姿態，更顯悠哉溫暖、風光明媚的臺灣情調。

在「臺灣之歌」徵選活動發表的同時，1929年4月15日，臺灣本土政治健將蔡培火，在他用白話羅馬字寫的日記裡寫道：「總督府所募集了的臺灣歌謠，攏無通到偌好。自月初就想也愛家己做一塊看，詞佮曲到今仔日才攏做好。」

蔡培火「酸味十足」的批評，理由顯然有二，首先，那幾首都是贊同統治者的「御用歌曲」，其次，那些都是日本話的。以這些入選歌作為假想敵，他當天編寫的歌有兩首：〈咱台灣〉與〈臺灣自治歌〉。〈臺灣自治歌〉的歌詞，是他早在此四年前（1925年），因治警事件、在臺南監獄坐監期間寫的，歌詞抒發臺灣人應該當家做主的義憤，編作的曲譜節拍明朗，顯得雄壯進取；〈咱台灣〉則是描寫臺灣風光、歷史與認同，較為輕鬆活潑，幾年後有灌錄唱片，可說是蔡培火歌謠創作的代表作。

前述兩陣營之外，當年左派青年編作的歌曲似乎也不少，但僅見於宣傳單，或被警察查獲抄錄而殘留。二林事件中帶領蔗農抗爭的〈甘蔗歌〉，農民組合派的簡吉曾祕密編印〈三字集〉，臺北維新會編的一首〈反對迎城隍歌〉等，這些歌在地方社會發揮過多少影響力？今已無人可知。讓人更好奇的是，這些歌當時究竟是怎樣唱的？

前述的歌謠戰史蹟斑斑，都是發生在〈桃花泣血記〉、〈望春風〉發表前的事，算是臺灣創作歌謠的上古史了。

「臺灣在時空位置上的交錯與衝突，造成我們多樣的生態與文化，從我們豐富的物種和語言就能看出，臺灣有足夠的材料養分，無論之於研究或者發展。

對我來說，若音樂是系統化的聲音，那語言便是人標配的音樂能力。語言能思辨溝通，不同的語言工具有著不同的思考路徑與型塑。音樂恰似一種語言，考究它也能從其中窺見臺灣繽紛的脈絡與未來的可能。」

——臺灣音樂家、音樂製作人，柯智豪

10X10 特別企劃：

什麼是　眼中的臺灣文化

社會運動
音樂

提問 02

你聽見土地的歌了嗎？

專訪桑布伊

文字◉李姿穎——文字工作者　1993 生，桃園人。曾任女人迷編輯、BIOS monthly 副總編輯。還拿著筆，相信橡皮擦也是書寫歷史的一部分。

桑布伊・卡達德邦・瑪法琉　出身臺東卡大地布卡達德邦氏族瑪法琉家族的卑南族歌手，曾獲金曲獎最佳原住民語歌手獎、年度專輯獎、最佳演唱錄音專輯獎。

每個時代都有自己的歌。

回溯百年前新歌謠概念在臺灣萌芽，人們以自己的母語唱出自己的歌，〈咱台灣〉、「四月望雨」等經典，不僅呈現時代氛圍，也某種程度呈現創作中以民族意識對話日本殖民或是舊有傳統之態；如今，反映時代或推動時代的音樂不一定強悍衝撞，更可能是生活裡的涓涓細流，百年前的文化運動走得激動而熱血，然而社會運動不僅是狹義地走上街頭，更是從生活、創作裡植入現實，以緩慢地積累推動改變。

2012年，音樂創作者桑布伊以《路》為起點，卑南族古調、傳統樂器與深邃的吟唱，記錄下部落的聲音，引領聽眾回頭傾聽自己生長的地方。2016年《椏幹》讓自己扎根如樹，謙卑地領受於土地，並反思人類與土地的關係；2021年疫情時刻《得力量 pulu'em》發行，桑布伊仍然秉持他說故事的聲腔，如同祖先留下的歌謠，把人的歷史與土地的記憶扎進曲式，來自知本部落的聲音——有風與稻米的氣味，母親手摘的芒果香，鳥與族人的合唱。

每隔四年，發行一張新專輯，速度慢，也是他行走於土地的姿態。人們說他的創作能讓文化平權，桑布伊卻認為：「我只是想說我們的故事。」不談革命，他的音樂更像是一場溫柔的心靈運動，透過藝術的表達，讓土地意識慢慢深耕進人們的腦袋。

用生活累積出生命的改變

如果說他的音樂有一種推進行動的能力，那會是「回家」。2014年，布拉瑞揚為雲門2「春鬥」編舞，邀請桑布伊作曲，他聽見桑布伊吹奏的鼻笛聲，想家了。布拉瑞揚辭去雲門的工作，回到臺東成立舞團。桑布伊在六年後寫了〈擁抱〉：「布拉瑞揚的行動讓我覺得很神聖，他為了花東的孩子回去，從自己的土地重新發芽，這種犧牲、分享與愛的態度很偉大。」布拉瑞揚的擁抱在他的創作裡長成對世界的擁抱：「愛不會區分你是誰，這個時刻更需要無私、支持跟鼓勵，染病的朋友、醫護人員，都需要被我們照顧跟陪伴。」

音樂的意念是一種血，一旦聽了，就會想回家。這也是思想的歸真，跳出體制外，將善意凝聚成集體，回頭反思自己與自然的關係。

桑布伊說自己創作比起跟社會對話，
更像是記錄下真實：「我只是把我自己
想做的想講的，透過編曲、
創作來抒發我的想法，做好自己，
感同身受的人就會感動吧。」
他並無控訴，但我們卻從音樂裡聽見
太平洋的風、聞到陽光的氣味，
因而意識到站在這片土地上的責任。

他的母親說：「人要在土地流汗，土

地才會記得你。」疫情間他做農的時間更長，「土地本來就是我們的責任。」知本部落的古法裡，彼此勞力交換，成立工作團隊，於各屬的田地一起耕耘，交換辛勞，也共享豐收。「這是非常美麗的一件事。雖然因機械化變少，但一些小的果園菜園還是會彼此幫忙。」音樂與農作都是對土地的訴說：

「要用行動去證明你跟土地的關係是什麼，你沒有去流汗、沒去辛苦、沒被太陽曬、沒有被雨淋，就不知道那個感受是什麼，在最熱時一陣風吹過來，你知道那是什麼感覺嗎？」

行動不僅是想要眼前的改革，而是透過走路、創作、付出，累積出生活的實踐。

在歷史的歌裡，得到力量

與山同行，從小開始，睜開眼就是與自然一起呼吸，除了上學，都在田裡農作，或去溪邊游泳抓蝦，採集野菜、竹子回來編織。「部落裡可以逛的地方只有幾間的柑仔店，柑仔店裡面就兩三臺電動玩具，我們都在跟土地遊戲，收成過後的田裡需要翻土，小朋友就玩泥土丟來丟去。」做彈弓打鳥，放陷阱抓野生動物，用魚簍捕魚，取之於自然時心裡感謝，用平等的態度看待生命。〈擁抱〉、〈撫摸〉唱的是天地萬物對人類的包容，〈撫摸〉又更接近與大地的親密，「古老的精神告訴我們，人跟大自然、動物是息息相關的，我們稱動物為兄弟姊妹，不會說你是鳥、你是禽類，陽光給予我們溫度，風為我們帶來涼爽，清水讓我們舒服，花香讓我們感覺美好，我們在這裡面得到力量。」

桑布伊在自己的專輯寫入祖靈的魂，推進成一種緩慢的進化，讓聆聽的孩子們，也能因此感受到自然與土地的能量，透過文化與歷史的痕跡回頭定錨出自己的模樣。那也像一九二〇年代人們寫歌說明「我是誰」——〈臺灣文化協會會歌〉標誌出自我認同，文化與民族意識成形，雖無直接抵制，但意志帶有挑釁，隨後，更多創作也透過描述臺灣土地風情展示出民族的凝聚性，並非跟隨時代輪廓描寫，而是寫生活的樣子，就是時代。

桑布伊的音樂是農耕，每年要翻土，用更長的時間去等待豐收，無形中讓聽眾養成了一雙靈敏的耳朵，聽懂土壤的語言。

他走過的路長成思想。〈一天的生活〉記錄下卡大地布部落生態富饒的濕地，桑布伊用輕盈的寫意回應過度商業開發，不同族群對於土地利用的爭議，從美麗灣世界、卑南族祭典獵人狩獵遭逮捕、卡地布部落拒絕遷葬、八八風災、與預計在知本濕地興建161公頃的光電廠，都讓桑布伊思考人類保育土地的不足，「就像大家都以為蓋堤防是好事，其實不是，河水是有呼吸的，它像雨刷一樣會輕柔擺動，我們蓋堤防跟河水搶地，大水來了、堤防破了、部落被沖走，這就是生活經驗的缺乏。」他的音樂中常見自省，一首一首積累成人們對土地的關懷。

原住民居住於臺灣千年以上累積出生活經驗，桑布伊曾在部落向前人學習，如今他也成為前人，經常與年輕人分享部落的故事與在自然裡生活的知識。卑南族的古老神話，天地初創，萬物、生靈、螃蟹蝦魚鳥漸成形，人類是最後一個來到世上的，所以他總是將「謙遜」掛在嘴上，

問他作為一般人如何更靠近土地？
「人本來就是要依循自然生活，
現在很多人講環保，說愛這塊土地，
但又一直在吹冷氣，這不是很拉扯嗎？
〈我們怎麼了〉就有講到這件事。」
在桑布伊的思想裡，
光是真正意識到自然，
就能撼動一整個社會的作為。

記得回家

除了口述歷史，繼承更多部落文化的是歌謠與工藝。「我們沒有文字，透過雕刻講歷史，還有透過刺繡圖案，把歷史刺上去，歌也是保留歷史的一個媒介，唱的是我們的文化與歷史，一早起來就在唱歌聽歌，辛苦快樂，播種收割都有歌。」他也明白族語式微，讓保存更艱難，「幾乎只剩阿公阿嬤會講族語，這件事不只是原住民的責任，以前政府規定原住民不能說族語，五十幾、四十幾年次的都不說族語，現在要挽救，就來不及了。」

歷史裡文化資本的掠奪，那也好比世界運行中，國與國、族與族的競爭。《得力量》帶來更多團結與包容的期許，編寫出族人的凝聚意象，〈我們去工作〉描述族人為了一片土地一起努力生活；〈擁抱〉亦表達土地不會區辨人的種族，土地只會接受與給予。面對差異，他向來認為很美，四百年前眾多民族遷移到臺灣，至今積累出閩南、客家、原住民、眷村、新移民文化。對於文化，我們該以什麼樣的心態才有可能形成社會集體的進步？「不需要去比較文化的高度，全部要同化，這沒有意義啊，要欣賞彼此的文化，有時候我會覺得，我們的教育系統比起一直談中國的地理跟歷史、長江黃河，不如好好認識原住民的祭典、認識我們看待自然的方式，那是這片土地上最雋永的東西。」

每年知本部落逢小米感恩祭，都會有一群大學生「回來」，「帶著女朋友、結婚了就帶老婆小孩一起來，來認識部落的文化，這就很美麗啊！我們可以互相學習，你是來參加我們祭典，不只是來跳舞的。」從前置籌備、採集材料與捕魚開始，認識族人的生活，「高中如果可選修一門土地文化課，這不是很好嗎？」那些大學生，

儼然成為了家人。

「我常跟他們講，只要你愛這個部落，你來學習，不管你的血是什麼，你的靈魂已經屬於這個部落了，我的祖先已經認識了你的靈魂，你的靈魂已經屬於我們了。跟你的血液沒有關係，跟你的父母沒有關係，你就是我們部落的人。不要分你我，我們都是臺灣人。」

所謂文化、所謂運動，不僅是紙面上的東西，就像發自內心的音樂與生活裡重要觀念的身體力行，才能在現代慢慢推動一群人真正往前進。

知本部落的暑假，不分族裔，所有孩子們一起生活、吃住、學習，暑假結束，桑布伊會在他們離開時提醒：

「當你回到自己的崗位工作與生活要努力，要記得這塊土地還有人需要你給予養分，期待你的回來。」

主后1929年即民國18年亦即昭和4年

Chú āu 1929. Chiaⁿ-gōe goân-tàn.
Ka-bó 75 hè. Góa 41. Sò-kheng 34.
Siok-hūi 16. Siok-bûn 12. Siok-lêng 10.
Î-un nā sī tī-teh 8. Siok-theng 6. Siok-hoàn 4. Tāi-ke lóng khong-kiān.

Ē kì-tit 6 nî chêng Tī-an-kéng-chhat-hoat ūi-hoan ê sî, kèng-chhat lâi chhiau chhù, tùi i ê siōng-sī pò-kò, kóng góa ū tát 300 gîn ê i-chhiûⁿ, koh tát ū 300 gîn ê chheh. Nā chiàu an-ni hit-tia̍p góa ê chāi-sán tú sī 600 gîn. Kàu chit-tia̍p taⁿ m̄ chai ke ū lōa-chē? Chóng-sī ē kì-tit, kàu taⁿ Sèng-kì-só to lóng bô góa ê miâ-lī tī-teh.

Kàu-taⁿ só chò ê kang sī àn-chóaⁿ, chóng tio̍h lóng hō Siōng-chú khì sím-phòaⁿ, góa sī kan-ta chīn góa só ē ê nā-tiāⁿ. Chiàu khòaⁿ tùi kin-nî khí, hiòng-lâi só ū koan-hē ê kang, táⁿ-ē thang lóng pàng kau Tāi-ke khì chiáng-lí.

Chú! chāi Thiⁿ ê Pē!! Lí bô ài ê kang í-gōa, góa bô pat-hāng thang chò, Lí ài góa chò sím-mih? Phó-kip.

「普及白話字的事業，父祢敢放給我從今年做起？」

舊的白話字改做成

pé-oē-lī ê sū-giáp, Pē Lí kó͘ⁿ kheng hō͘ góa tùi kin-nî chò-khí? Bān sū choân thiòng Lí ê sèng-chhiú ín-chhoā! Khún-kiû m̄ thang sêng góa chiâⁿ góa ê su-sim, ǹg-bāng chhiú-khì só͘ chò ê, long ē thang eng-kng Lí ê Chun-miâ. Tâi-oân ê hiān-chōng iáu o͘-àm, khún-kiû Thiⁿ-pē tek-piat si-in! Sim só͘ goān!!

Chū saⁿ sè lit chêng, chò pé-oē-lī ê soan-thoân koa, ~~koa-sū~~ koa-sū kap koa-~~khak~~ tiâu kau kin-á-lit lóng chò hó. Ǹg-bāng chit-tiâu koa ē thang chò góa chhiú-khì chò kang ê chin-hēng-khek!

1 goe̍h 3 lit.

Au-Bí Tông-hák-hōe, chāi Tâi-lâm-chhī khui te-lī-hoê chhóng-hōe, Lô͘ Bān-kì kun, Tō͘ Chhong-bêng kun, Tân Him kun in lóng ū lâi ~~lâm~~.

Bān-kì kun, tùi chāi Lâm kúi ū Tông-chì, kau siáp ài chhui-chiàn góa chò Sin Bûn-pò-siā ê kám-cha-iâ. Tāi-ke lóng chàn-sêng. Góa kiò i chiām chò pó-liû.

日記 03

我的心願是臺灣的進步

文字◉陳慕真

國立成功大學
臺灣文學系助理教授

國立臺灣師範大學臺灣語文學系博士、國立成功大學臺灣文學系助理教授，曾任國立臺灣文學館助理研究員。

1929年1月1日，40歲[1]的蔡培火在日記寫下：

「普及白話字的事業是今年起要做的事。」

當年12月31日的日記也記錄：「我今年的元旦就決定要做羅馬字的普遍運動，竟然不得行。」從1929年到1936年，每一年，蔡培火都在日記寫下推動白話字運動的決心。究竟是什麼執念，使這位不算年輕的中年歐爸[2]每年都要在日記宣示一遍？

日本殖民統治時期的一九二〇年代，由臺灣知識分子組成的臺灣文化協會開啟了臺灣的文化啟蒙運動，透過舉辦演講、讀報、電影放映等方式推廣社會教育，目的在於提升臺灣人的文化，期待能和日本人平起平坐。然而，如何提升臺灣人的文化？用什麼語文進行臺灣人的教育？可說令人傷透腦筋。

當時臺灣人的日語程度尚未普及，漢文又不是每個人都有機會讀，最多人使用的語言就是臺語了。因此，蔡培火主張用臺灣話教育臺灣人，而學習成本低的「羅馬白話字」是最理想的方式。教會系統的羅馬白話字簡單、易學，僅須透過十幾個字母，學習大約兩週的時間，人人就能拼寫臺語，離開文盲的暗黑世界，透過識字、閱讀，進而提升文化和知識。

下定決心之後，蔡培火積極地進行白話字推廣的運動。1923年以普及白話字為條件，擔任臺灣文化協會的理事。1925年撰寫白話字的評論集《Chap-hāng Koán-kiàn》（十項管見），1929年編寫《白話字課本》，並在臺南武廟開設「白話字研究會」，又創作宣傳歌曲〈白話字歌〉、撰寫〈臺灣白話字普及旨意書〉，展開從臺灣到日本的跨國連署活動，再將聯署書送到東京去陳情，可謂火力全開。

1：蔡培火自己在1929年1月1日的日記上，記錄自己為41歲。　2：오빠，韓文音譯，為女性稱呼年長男性之詞。

蔡培火曾說:「臺灣人若不是透過白話字,文化是絕對不能興起。」

心心念念白話字運動的他,也實踐在日記書寫上。翻開蔡培火的日記,映入眼簾的是工整橫書的白話字,記載著與總督府和日本政界交涉的過程、被當局拒絕的失望、獲得同志友人協助普及羅馬字的感激。字裡行間,時常流露出他對臺灣的真情告白:「我的心願是臺灣的進步」、「臺灣汝需要趕緊進步」。運動的路困難重重,他的日記一再自我激勵:「我必須直向羅馬字運動去跑」、「我必須進行,做到死為止」、「我昨暝為著拍算臺灣進步的法度,差不多歸暝無睏」。時代壯年的理想和挫折,躍然紙上。

他的熱血感染了同世代的同志好友,霧峰林家林攀龍於1932年創設「霧峰一新會」,並在林家家族內以及中部地區積極推廣白話字。林獻堂夫人楊水心女士現存的四冊日記中,1928年和1930年都有以白話字書寫的紀錄,留下了日治時期女性白話字日記的珍貴文獻。

白話字運動終究因為違背日本當局的國語政策而未能成功。戰後,蔡培火繼續推動臺語文字化的工作,向國民政府呼籲普及閩南語注音符號,但仍舊因為牴觸國語政策而宣告失敗。蔡培火一生推動的白話字運動在接連兩次外來政權的「國語」(日語、北京語)政策上,走向失敗。

一百年後的今天,臺灣人已經來到自由、民主的新時代。掙脫威權體制的枷鎖,臺語終於在2019年《國家語言發展法》通過後,得到國家語言的地位。2020年5月,白話字被文化部文化資產局登錄為「世界記憶國家名錄」,肯定白話字記錄臺灣語言、保存臺灣人記憶的歷史定位。當年蔡培火主張用臺灣話進行教育的理念,不再是夢想。這個未竟的理想,彷彿跨越百年的提問,來到了我們的世代,等候我們的答案。

什麼是______眼中的臺灣文化？

10X10特別企劃：

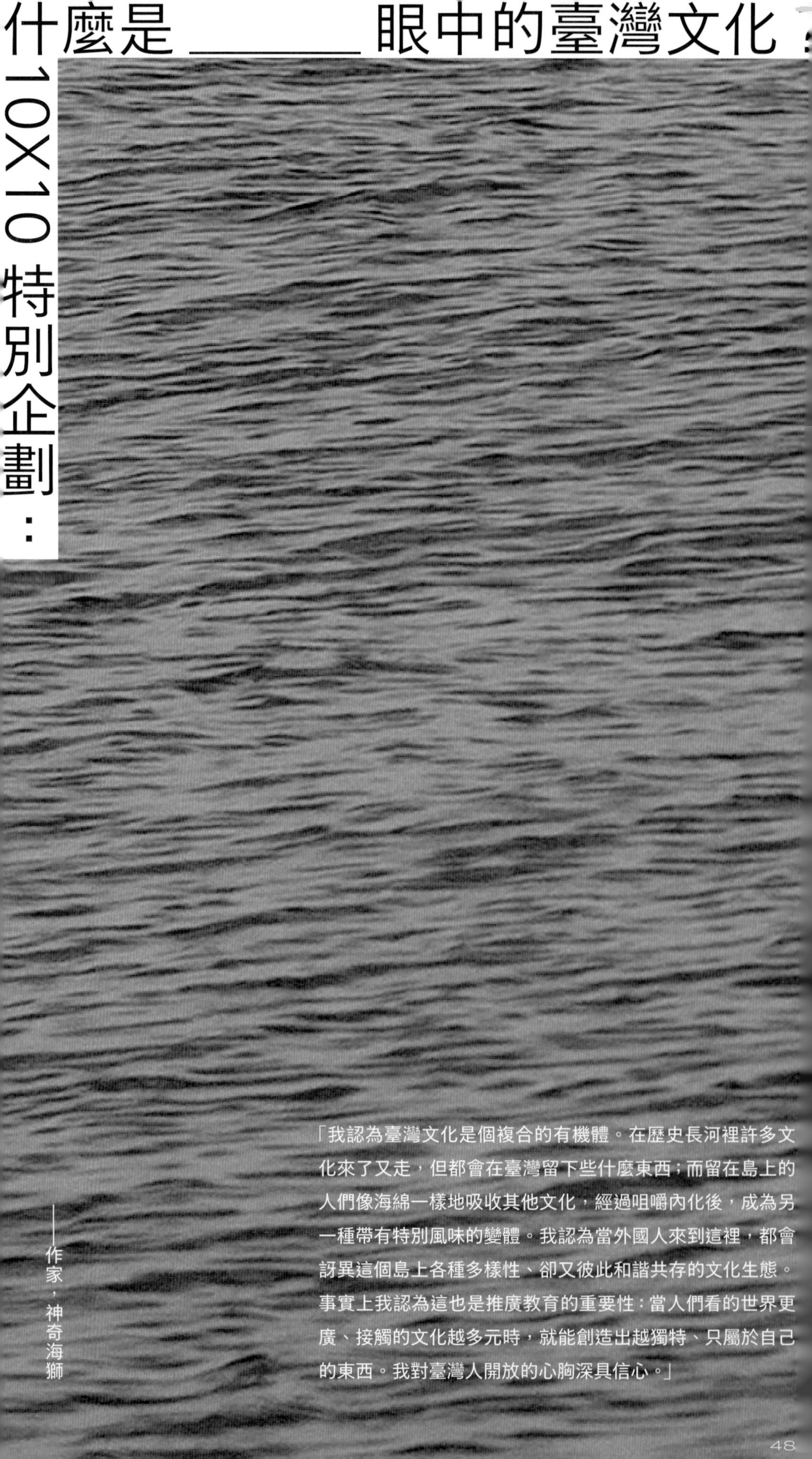

「我認為臺灣文化是個複合的有機體。在歷史長河裡許多文化來了又走，但都會在臺灣留下些什麼東西；而留在島上的人們像海綿一樣地吸收其他文化，經過咀嚼內化後，成為另一種帶有特別風味的變體。我認為當外國人來到這裡，都會訝異這個島上各種多樣性、卻又彼此和諧共存的文化生態。事實上我認為這也是推廣教育的重要性：當人們看的世界更廣、接觸的文化越多元時，就能創造出越獨特、只屬於自己的東西。我對臺灣人開放的心胸深具信心。」

——作家，神奇海獅

提問 03

耳朵與大腦的爭奪權，你上車了嗎？

文字◉何昱泓
——故事 StoryStudio 粉專小編

經營社群即將滿十年，每日承擔看到酸民荒謬留言與創作者工作坊太難用導致中風的職業風險中。

2020年 Podcast 節目百花齊放，根據 Apple Podcast 的數據，這一整年光是節目檔數就增加了5,888檔之多，比起2019年增幅超過十倍，也因為這爆炸性的成長，而被稱作是「臺灣聲音元年」的一年。

聲音元年這個有種發現新大陸之感的稱號，彷彿我們從去年才赫然發現，「聲音」作為一種傳播媒介，居然能快速傳播又如此有趣！然而聰明的你，應該會馬上轉念想到，打從我們在母親懷胎時，最先擁有的就是聽覺；所謂的「胎教」，也是從母子之間的對話互動開始。在呱呱落地後，我們一路成長的經驗裡，「聲音」在各種日常裡的交流、學校或社會的學習中，也一直是最為主要也直接的媒介。而其實回到一百年前、各種新文化在臺灣大爆發的年代，臺灣人更是透過聲音來認識廣大世界！

臺灣島民「聲音」體驗三部曲

臺灣於1895年正式成為日本領土後，隨著帝國的治理與殖民的到來，各種新式事物陸續進入島上，包含「報紙」、「電影」與「廣播」等，臺灣人在這段時期逐步地認識到一個很不同的世界。然而，最初只有少數受過教育又能負擔得起的仕紳階級，能跟得上這些新事物發展的速度。雖說島上的各種硬體設備以飛快的速度建設起來，這時似乎是個影像與文字超前的時代，但一九二〇年代的臺灣識字率才不到5%，要所有人都能享受並認識這些新事物所帶來的知識，並不是件容易的事情。

還記得開頭提到的「聲音」嗎？就像玩遊戲會有「新手教學」一樣，「聲音」也扮演起引導型 NPC[1] 的角色，指引許多待在新手村的臺灣人，一步步地認識這些新奇的事物。

第一部曲：看不懂寫什麼沒關係，我唸給你聽——讀報社

1921年臺灣文化協會成立後，蔣渭水將演講稿整理成〈臨床講義〉一文，其中為了改善臺灣體質的處方之一「讀報社」，也如同雨後春筍般在島內各地組成。讀報社讀報紙給不識字民眾聽，等於打造了民眾得以快速吸取新知的聲音圖書館。像在臺南讀報社內就有：「島內三新聞、大阪朝日、福音新報、臺灣時報、上海申報、東方雜誌、青年進步、臺灣民報、科學智識、教育雜誌、小說世界」等書報。讀報社亦協助文化協會辦理各種演講會。OO

雖然最終讀報社在文化協會於 1927 年因左右路線分裂逐漸萎縮消失，但透過讀報社的「聲音」，不識字的臺灣人也得以擁有認識世界的機會；今日的臺灣人雖然生活在一個識字率接近 100% 的社會，但透過「聲音」的 Podcast 來認識世界的熱潮，可是不輸給百年前。

1：non-player character，非玩家角色。

文協百年 全島大串連

〈重返1920——臺灣維新的年代〉

財團法人蔣渭水文化基金會

臺灣文化協會成立讀報社、辦理各式講習會，透過與民眾一同讀書報，向大眾傳播新知與新思想，一步步實踐「圖謀臺灣文化之發達」的理想。由財團法人蔣渭水文化基金會發起的〈重返 1920 ——臺灣維新的年代〉，透過讀書會、讀報社、踏尋宜蘭史蹟等文協百年系列活動，向臺灣文化啟蒙的一九二〇年代致敬。

第二部曲：電影院中合法劇透的角色——辯士

1895年史上第一部被公認的「電影」《火車進站》（*L'Arrivée d'un train en gare de La Ciotat*）問世，並於隔年在巴黎公開放映。電影發展初期由於技術的限制，只能以無聲的「黑白默片」形式播放。但和西方發展很不同的地方是，默片電影傳入不久後，為了便於觀眾理解劇情與來自西方的異國文化，便有專門的人在旁負責解說，這讓早已習慣「太夫」（在歌舞伎演出時的解說員）文化的日本人，電影尬歌舞伎順水推舟地迸出新滋味，電影播放中負責解說的「辯士」也就這麼正式登場！

跟著日本人的統治，電影在1900年跟著來到臺灣，一開始並無固定的播放場所，而是配合著解說的辯士，在全臺巡迴放映。想當然耳，當時島上還處於極度不穩定的狀態，各地都還有小規模的武裝抗日活動，電影什麼的，自然只有一小撮人才能享受。進入一九二〇年代，城市內的消費水準提升，即使電影院的間數不斷增加，但機動性強的電影巡演隊仍很受歡迎。無論說著日語或臺語，活靈活現、生動活潑的辯士，甚至比電影本人還要受歡迎，許多人看的不是電影，而是這些明星辯士們。有趣的是，即使一九三〇年代有聲電影取代無聲電影後，臺灣民眾仍十分仰賴用臺語解說電影劇情的的臺籍辯士，甚至還在1937年死亡交叉以68比33人的差距正式超過日籍辯士的數量。戰後政權更迭的一九五〇年代，許多民眾難以聽懂腔調各異的「國語」電影，辯士在戲院中依舊活躍了一段時間，才消失在銀幕前。

第三部曲：早安、午安、晚安，空中的朋友大家好——廣播

短時間內就能快速且大量傳播訊息的廣播，問世後卻沒能像電影那樣在臺灣掀起狂潮，是因為架設廣播的發射臺、錄音設備，以及收聽設備所需要的金額，都不是光靠民間的財力就能順利完成，也因此最初的臺北放送局，是在日本官方的扶持下，以官設電臺名義正式開播。

猜猜在那個年代，一打開收音機可以聽見什麼樣的內容呢？當時的節目主軸為新聞報導、教育以及娛樂三大項為主。內容包含：新聞氣象、實況轉播、兒童新聞、和洋樂，以及大家都很熟悉的——收音機體操。總而言之，在總督府的管控下，包含臺灣文化協會在內的民間力量等人，始終難以成功進入廣播事業，將「文化」事業進一步播送到臺灣人的耳裡，幾乎全日語製播的節目，也使臺灣放送協會不斷增加的收聽戶多半停留於在臺日人社群。

有趣的是，臺灣人擁有收音機的人口卻不斷地增加，而且特別集中在中部

的中小型都市內。這很可能是因為，比起在臺北、高雄都市警察耳目較多的情況下，在豐原、霧峰、大甲、沙鹿這些地方偷偷收聽「祖國」之電波要安全得多。與容易留下證據的報刊雜誌相比，關上電源就無法抓到證據的廣播，之後也讓戰爭期間的臺灣人，更容易了解到戰爭前線所發生的事情。二戰結束後，因著收音機的普及與架設成本下降，所謂的「地下電臺」紛紛成立並延續這種傳送情報的功能。在那個肅殺氣息的白色恐怖時代，繼續以「聲音」傳播著民主之音，在黑暗中給了渴求自由的臺灣人一盞燈。

一場「聲音」的爭奪戰，不只是聲音，更是獲知權之戰

2020年被喻為聲音元年，它代表的遠遠不只是Podcast的興起，更是百年間聲音的爭奪之終與之始。

百年前，從聽見日軍進臺北城的消息，再到廣播中傳來天皇聲音的御音放送，「聲音」在整段日治時期的臺灣島上，留下了許多深刻的影響。其實在這些兼具娛樂與教化的聲音底下，「聲音」主導權的爭奪戰，早已悄悄開打……

在這場爭奪戰中，總督府挾著帝國充沛的資源屢占上風，掌握了學校裡教師對臺下學生教育的聲音、掌握了電影中部分辯士對臺下觀眾的聲音、更掌握了對全島放送廣播的聲音。聲音既可以是民眾的「娛樂」，也可以是「教化」的工具。一九一〇年代愛國婦人會臺灣支部的電影巡迴結合辯士，啟蒙「島民」同時也發揚「愛國意識」，這套方式還真的十分有效！

隨後的一九二〇年代，有能力接受高等教育，早一點被啟蒙的臺灣知識分子們，在發現讀報社範圍與效力有限的情況下，轉而看上傳播速度更快的「電影」，他們推出專屬文協的辯士團體「文協活動寫真隊」，希望能和殖民政府爭奪島民與詮釋文化的主導權。即使在文協分裂後，蔡培火等人也依舊十分看重「辯士」在臺灣民眾娛樂中的分量，重整旗鼓另外成立了「美臺團」繼續在電影院的臺上啟迪民智，後來才經費短缺而逐漸消沈。這場爭奪，看似在二戰結束民主自由的祖國來臨後，有了改變的一線曙光。然而後續為了讓島民「去日本化」與「再中國化」，聲音又再度被國家所壟斷，直到一九九〇年代解嚴才總算告一段落。

在被譽為臺灣聲音元年的2020年之後，只要點開Podcast選單或YouTube搜尋欄，股市分析、哲學解析、政治新聞或是生活閒聊、動漫分享各式主題節目，加上社群的推波助瀾，人人都有機會成為KOL[2]，在自己的領域中主宰知識的權威。但看似多元百花齊放的「聲音元年」，我們是否卻反而被演算法的限制，在這

2：KOL為Key Opinion Leaders縮寫，意為關鍵意見領袖。

資訊超載的時代裡，被鎖在同溫層之中而不自知？

也許這場百年來聲音爭奪戰獲勝的關鍵，不只停留在對「聲音與耳朵」的主宰，而是對「知識」的辨識與判讀吧！這一場百年來關乎耳朵與大腦的爭奪權，你覺得下一「戰」會在什麼平臺或是什麼媒介裡發生呢？

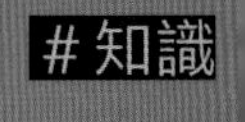

文藝

入獄賦

（倣赤壁賦）

癸亥之冬、臘月既望。蔣子與妻、同衾臥於木榻之上。刑事忽來、大叫不休、舉身跳起、攜洗面之巾、開隔房之門、少焉警吏登於樓之上、徘徊於各房之間、白及懸腰、劍光閃研、任一警之所牽。到監獄之門前、蕩々乎入於囚房、如和尚之坐禪、寂乎如遺世獨立、脫化而成仙、於是飲水涼甚、扣床而歌之、歌曰、柴門兮鐵窓、隔密々兮通流光、戀々兮余懷、望愛人兮天一方、蚊有吹洞簫者、與歌而和之、其聲紛紛然、如怨如怒、如憤如訴、餘音嫋々、不絕如縷。怒孤房之囚人、愛憂時之志士、蔣子愁然。掩被而臥。而問蚊曰、何爲其然也、蚊曰、竹風簫雨、大雅之音、此非田讓山之詩乎、西望內閣、東望大臣、相繼失敗、鬱乎惶々、此非讓山之困於宦途者乎、方其任總督、渡臺灣、順風而南也、迎者千人、何等威風、以酒宴客、集雅賦詩、固一時之雄也、而今安在哉、況內田吉、閒居於東都之上、倡藤子而友田男、藉一朝之權勢、舉暴威相戕、行惡虐於此地、負蒼生之希望、知威風之須臾、羨島民之無窮、挾飛艇以相擊、執干戈而相攻、知不可乎以行得、託悲憤於悲風、蔣子曰、蚊亦知夫秦與滿乎、暴者如斯、而未嘗安也、受虧者如彼、而卒莫不興也、蓋將自其暴者而觀之、則其位、曾不能以悠久也、自其受虧者、而觀之、則仁與義皆無盡也、而又何悲乎、且夫天地之間、人各有權、苟非法文所許、雖一毫而莫侵、惟無額之給俸、與出張之旅費、爾得之而爲歡、民出之而甘心、取之無之所制削、蚊喜而笑、停足壁上、更夜已深、各自安眠、相與枕籍乎牢中、不知東方之既白。

（十二年一月二十六日雲谷作於臺北之監獄）

春日集監獄著序

（倣春夜宴桃李園序）

夫人類者、萬物之靈長、光陰者、白駒之過隙、而青春易老、作事幾何、古人擊棹中流、良有以也、況官府召我以拘留、獄吏假有以時間、會臺北之監獄、論臺灣之政事、感慨悲歌、皆爲燕趙、吾人勤作、獨慚印鮮、暢談未已、拘入囚房、展南華以誦讀、揮禿管而著述、不有佳作、何伸紀念、如文不成、罰依拘留日數

（十三年一月二十九日雲谷作於臺北之獄中）

牢舍銘

（倣陋室銘）

室不在美、有氣則通、窓不在大、有光則明、斯是牢舍、惟吾意誠、既決穿衣紅、未決穿衣靑、談笑有嚴禁、往來無單行、可以學坐禪、閱書經、無親戚之會面、無朋友之交情、宋朝三字獄、周代公冶刑、多人云何罪之有。

（十三年一月三十日雲谷作於臺北監獄）

以上三篇乃雲谷先生在獄中所感而作之消遣文章也、際此月此期乃一週年之紀念、故極以錄刊作爲永誌、諒讀者諸君所願閱也。編者附誌

* * * *

編輯餘話

△嗚呼！同志稙村牧師、現在同情臺灣議會設置請願的內地人雖很多了、但在從前却是聊若晨星。開始請願當時非特別有見識兼有天良的人是不輕易寄與同情的。日本基督教會傳道局總裁植村正久牧師、自開始請願當初便同情臺灣議會設置請願、並與我們以很大的助力。將來同議會成功之日、這位同志的功勞是不能埋沒的、他的熱情是我們永遠不能忘却的。正月九日、這位同志和我們永別了、他向他所渴想的天國去了！同月十二夜有志等在臺北基督教青年會開追悼會、臺灣文化協會的人、出席的很多。來臺中的田川先生亦出席。我們亦在此紙上祝福這位大宗教家在天堂永享他的快樂！

△田川先生歸鄉　於去臘來臺巡視中的田川大吉郎先生、已於一月十四日歸內地去了。先生到處盡受民衆的歡迎。他在各地都有很有益的講演。我們臺灣的民衆、受他的啓發實在不少！

	定價	
每一冊	十錢	
每月三冊	價金	三十錢
半年十八冊	前金	一圓七十錢
全年卅六冊	前金	三圓三十錢

特別注意

△支局振替口座臺灣二一五二番
△若非先交報費、概照定價計算
△廣告費全頁卅圓、三分之二廿圓、半頁十五圓、三分之二十圓、六分之二六圓、十二分之二三圓、

●但臨時增刊或特別大號價金另定

大正十四年一月廿八日印刷納本
大正十四年二月一日發行

東京市牛込區若松町一三八番地
編輯人　林呈祿
東京市牛込區若松町一三八番地
發行兼印刷人　黃呈聰
東京市牛込區若松町一三八番地
發行所　株式會社臺灣雜誌社
東京市牛込區早稻田鶴卷町四六番地
印刷所　北斗社印刷所

臺灣支局　臺北市太平町三丁目二十八番地
電話一八五二番

入獄賦（倣赤壁賦）

癸亥之冬、臘月既望。蔣子與妻、同衾臥於木榻之上。刑事忽來、大叫不休、舉身跳起、攜洗面之巾、開隔房之門、少焉警吏登於樓之上、徘徊於各房之間、白刄懸腰、劍光閃研、任一警之所牽。到監獄之門前、蕩々乎入於囚房、如和尚之坐禪、寂乎如遺世獨立、脫化而成仙、於是飲水涼甚、扣床而歌之、歌曰、柴門兮鐵窓、隔密々兮通流光、戀々兮余懷。望愛人兮天一方、蚊有吹洞簫者、與歌而和之、其聲紛紛然、如怨如怒、如憤如訴、餘音嫋々、不絕如縷。怒孤房之囚人、擔憂時之志士、蔣子愁然。掩被而臥。而問蚊曰、何爲其然也、蚊曰、竹風

「蚊有吹洞簫者，與歌而和之；
其聲紛紛然，如怨如怒，如憤如訴；
餘音嫋嫋，不絕如縷；
怒孤房之囚人，擔憂時之志士，蔣子愁然。」

蔣渭水〈入獄賦〉

大正14年臺灣民報第三卷第四號

日記 04

在「北水南火」日記中讀見文協運動

文字◉周馥儀

國立臺灣大學歷史所博士

清水人。曾任彰化縣文化局局長、賴和文教基金會執行長。研究社會運動史、戰後臺灣文化史。博士論文《戒嚴時期黨國控制下的臺灣民營廣播興衰(1952-1987)》獲曹永和基金會臺灣史和海洋史博碩士論文出版獎助、建成臺文獎學金。合著《買來的政權:臺灣選舉文化觀察》、《焦土之春2004備忘錄》。

走過臺北市金山南路、愛國東路交接口,若仔細留意,會看到電信金山大樓旁的金杭公園,有一段布滿青苔的斑駁石牆,那是日治時期總督府以舊臺北城牆磚石所砌的臺北監獄(後稱「臺北刑務所」)圍牆遺跡。公園步道鋪面上,鑲嵌了解說文字,敘述昔日關押犯人的監獄空間配置。解說牌上,未提及的重要反抗史,是一百年前臺灣文化協會成立後不到三年,幹部林幼春、蔡惠如、蔣渭水、賴和、蔡培火等,因1923年12月16日「治警事件」拘置於此,這是臺灣總督府為打壓臺灣議會設置請願運動,以「違反治安警察法」進行全島大逮捕,檢舉臺灣議會期成同盟會員,共有99人被扣押或遭搜查、傳訊。經歷漫長的司法程序,1924年1月7日賴和等11人不起訴被釋放,2月29日檢方求刑確定、結束偵訊,18名被告於1924年7至8月間展開第一審,1924年10月29日第二審,1925年2月20日第三審。18名被告中有7人被判刑,當中被譽為「北水南火」的蔣渭水、蔡培火刑期最長(四個月)。

曾被羈押於此的賴和、蔡惠如、林幼春,以漢詩抒發昂然不屈的同志們患難相持共同為臺灣奮鬥,透過臺灣文化協會凝聚全臺知識分子進行反殖民運動的雄心豪志。而在此入獄的蔣渭水,以日記隨筆〈入獄日記〉、〈入獄感想〉、〈獄中賦〉書寫預審期間的心情,以〈獄中隨筆〉記錄服刑所見所感,在《臺灣民報》刊出,激勵臺灣文化協會的活動。蔣渭水被拘押到臺北監獄時,正值1923年底冷冬,囚房「五尺、長八尺,有窗子,空氣、日光都十分充足且很肅靜」,在孤靜中唯有蚊聲相伴「蚊有吹洞簫者,與歌而和之,其聲紛紛然,如怨如怒,如憤如訴、餘音嫋嫋,不絕如縷」(〈獄中賦〉),身體自由雖遭囚牢禁錮,但反而能以閱讀、沉思鍛鍊精神意志,他不僅繫念獄中的文協成員健康,同時也關心其他囚犯的人權——未判決的囚犯,無論男女，每天清晨脫衣裸體被看守查驗全身上下，也反思臺灣人精神文化——建醮消耗人民金錢與社會力，應該經營訓練青年的社會修養機關、救貧機關、互助團體。

而與蔣渭水齊名的蔡培火，也留下日記見證1927年臺灣文化協會左右分裂後的運動陣營情形。有別於蔣渭水日記，蔡培火日記是到了一九九〇年代才在家屬推動下出版，讓我們讀見文協左右分裂後，被劃歸為「右傾」的蔡培火，面對「反抗日本殖民大局」的糾葛心境，反思社會運動者堅持不同路線卻迷失臺灣出路的艱難處境。

日記的私密性，讓蔡培火盡情在日記中評論昔日文協同志的行事風格、何以造成反殖民運動陣營不斷分裂。蔡培火在日記中不斷呼喊「顧著大局」，以「臺灣議會設置請願運動」為首要目標，不料卻因協助組織「臺灣地方自治聯盟」，而與蔣渭水主導的臺灣民眾黨產生衝突，而形成「水火不容」之勢。反對蔣渭水將臺灣民眾黨的方針修訂為「取消民族運動改為階級運動」，而參加臺灣地方自治同盟的蔡培火，終遭臺灣民眾黨開除黨籍。在運動分裂的態勢下，蔡培火努力維繫頻頻虧損的「臺灣人唯一之言論機關」《臺灣民報》，即使對報社人事作風有所批評，他仍與林獻堂、羅萬俥、林呈祿等人，不斷與總督府斡旋交涉，才讓《臺灣民報》在1927年8月從日本移回臺灣發行，《臺灣新民報》在1932年4月得以發行日刊，推進臺灣人的言論自由。

回望百年前的臺灣文化協會在民族路線、階級路線的左右之辯中，從「凝聚全島知識分子」劃分為一個個不同陣營，分裂再分裂，力量不斷削弱。百年後的臺灣社會，是否能在思想與實踐的百花齊放中，即使有著不同路線主張，也共同為臺灣尋找出路？

「妳看到一片海，你不知道它的名字，但妳感受到海風的黏膩與水平線的寬廣。妳走進一座山，你不知道它的名字，但它讓妳知道心臟的位置與生存的可能。妳仰望著一顆星星，你不知道它的名字，但妳想起了某個人。妳爬上一顆樹，你不知道它的名字，但傳來一陣遠古的雷鳴。妳哼著一首歌，你已不記得歌名，但哼著哼著眼淚就掉了下來。這所有的事物存在於一座島上，島名叫臺灣，這名字不屬於誰，只有自由擁有它，但妳私心覺得，這是全世界最美的島嶼，它是妳心頭上一個小小的偏愛。或許所謂的臺灣文化，就存在在這小小的偏愛，以及那勇於面對所有的『不知道』並持續探索中的妳。」

——《大誌》、《週刊編集》總編輯，李取中

提問 04

百年探索：什麼是臺灣文化的精神？

文字◉張鐵志
——全新文化媒體 VERSE
創辦人、社長暨總編輯

亦為文化評論作家、青鳥書店共同負責人。著有《聲音與憤怒：搖滾樂可以改變世界嗎？》等著作。核心關懷是如何記錄當代臺灣文化的精神。

文化是什麼？

文化是我們的生活方式，我們的信仰，我們的價值，我們的認同。

文化是「我們是誰」。

但文化不是一成不變的。作家、藝術家、音樂人等創作者的工作，就是用想像力和創造力，讓既有的文化注入新生命，然後可以走得更遠，展現更多不同面貌。

百年前的文化協會

百年前、1921年，臺灣文化協會成立，希望醫治臺灣人「知識的營養不良症」，或者說延續此前「東京臺灣青年會」之宗旨「促進臺灣文化之開展」，進行文化啟蒙。他們集結文化精英，透過發行報刊、舉辦演講、播放電影、演出戲劇、創辦「夏季學校」等各種文化實踐，喚起臺灣人的自覺意識，並讓文化真正走入民間。

其中文化演講會引起特別廣大的迴響。從1923年到1926年間，在臺北、新竹、臺中、高雄、臺南等五地演講高達798次，聽眾超過30萬人，在許多地方甚至可以說引起狂熱。這背後原因，根據葉榮鐘說，與其說是文化傳播，「不如說是對無依無靠、飽受欺凌的同胞發揮打氣的作用。」

因此，文化協會的多重文化運動，是文化價值的啟迪、是社會改革的推動，當然也是民族的與政治的運動。

臺灣文化的百年變遷

臺灣文化協會的運動是一場未完成的文化革命。

1945年戰敗，國民政府來臺，開始了另一種凶暴的壓迫。

戰後到一九七〇年代，是漫長冰冷的黑色隧道，但不是沒有閃亮的燈火。臺語電影與臺語歌曲(廣受庶民歡迎，文學與藝術的創作者用力地用筆與畫筆探索內心，從《自由中國》到《文星》堅持著自由主義的思想火炬，受著外來影響的熱門音樂與前衛藝術則在六〇年代開始萌芽，而底層的民間文化與傳統堅韌地生長著。

當然在威權的黨國體制下，它們得在壓迫與抵抗中匍匐前進。

七〇年代初，臺灣在世界地殼的位置出現劇烈的變動。保釣運動、退出聯合國，引發了青年世代對自己身分認同的反省，對本土文化的深刻探掘，新一波的民主運動也開始大步向前。那是一個被社會學者稱為「回歸現實」的世代。《漢聲》雜誌到《雄獅美術》挖掘與整理本土的文化造型，鄉土文學作家書寫著農村與漁村與勞動者的現實，雲門舞集要為國人跳舞，民歌要唱出自己的歌。在那個青

文協百年

全島大串連

〈文化診斷書〉

吳三連臺灣史料基金會

由吳三連臺灣史料基金會所發起的「文化健康檢查」，概念源於臺灣文化協會出版的第一號《會報》，收錄由蔣渭水所著之〈臨床講義〉。文章提出至今一百年，臺灣社會已經有所轉變，如今臺灣文化究竟呈現什麼樣的面貌呢？當年提出的問題是否依然存在？當前的挑戰又有哪些呢？掃描 QRcode，或上吳三連臺灣史料基金會官方網站填寫〈文化診斷書〉，作為日後民間與政府共同努力的方向。

春火焰的時代，他們大合唱起了〈美麗島〉——雖然這個年代最終在一個「美麗島」之名的悲劇中鎮壓。(當然另一個對反的大合唱是〈中華民國頌〉和〈龍的傳人〉：都是1979年的排行榜冠軍。)

接著是風起雲湧的一九八〇年代，是被釋放出的社會能量與威權巨獸的最後搏鬥，遍地烽火。流行音樂開始了黃金年代，臺灣新電影讓大眾用新的眼睛看到社會的真實，也讓國際影壇認識了臺灣的獨特美學。解嚴前後，所有的桎梏都爆炸開來，不同的新媒體從街頭的綠色小組到思想性雜誌如《當代》和報導文學雜誌《人間》甚至主流媒體，成為新的公共領域，當代藝術和小劇場試探禁忌、探索邊緣，「新臺語歌」革命了流行音樂的語言和意識型態。眾人的大合唱之歌是葉啟田的〈愛拼才會贏〉，或者林強的〈向前走〉。

於是走到了一九九〇年代，邁向民主化的眾聲喧嘩，本土化成為新的時代精神，且出現更多元的分部合唱。我們似乎再也無須畏懼，但並非百禁忌。上一個十年的社會運動讓許多新的主體浮現，族群的、性別的、學生的、勞工的、農民的、社區的，民主化則讓他們可以大聲吶喊：社區總體營造讓地方重新被想像，同志運動在九〇年代中期聲音越來越大，文化藝術創作挪用鄉土與本土的想像創造新語彙。

這是自由的年代，也是全球化的年代，消費主義和新商業精神也同樣在形塑著文化樣貌，不論這是好是壞。

進入新世紀，政黨輪替，時代改變更大。「臺客」標籤開始夯，獨立音樂逐漸繁花盛開，更多青年返鄉從事農創或其他創新，更多人開始環島、或走遍這片土地。「臺灣」不再只是抽象的符號，而是更落在土地上。

對兩千年以後成年的新世代來說，他們是「革命之子」，因此出現政治理論說的「後物質主義的轉向」：他們的父母代是「物質主義的」——因為彼時物質匱乏，他們不論是社會集體目標或個人目標都希望追求物質的穩定與保障。一九八〇、九〇年代的衝撞讓一元的枷鎖散裂開，所以在年輕世代的成長期，他們更重視生命的自我實踐，更自然接受後威權的多元價值：社區的、環境的、民主、身分認同的，都不會比賺大錢更不重要。

也許人們稱呼他們為小確幸，但小確幸並不是無力與虛弱的。

網路與社交媒體的出現，讓孤單的個人可以被連結起來，讓另類與邊緣的聲音可以更容易被聽見，所以青年站到改變體制的面前，從2008年的野草莓學運，到一連串的環境與土地正義運動、反媒體壟斷運動，然後是2014年的三一八學運，他們占領了國會，甚至改變了其後兩三年的政治版圖。

另一方面，文化變成了滿地可見的「文創」，文化的內涵更閃爍著金錢的亮光。這裡的矛盾在於，文化創造的確有各種可能，可以讓商業創造新價值，讓地方觀光有更深刻的內涵，且文化產業若能建立完整生態系，可以更持續發展。但文化不能只是「文創」，不能只以商業為核心，因為文化創造的可貴正在其非市場邏輯衡量的部分，不論是記錄過去，或者探索未知的工作。是在這樣的累積與根基上，不論是影視音產業或者各種「文創商品」才能茁壯。

2021年，文化協會的一百年後

如今我們或許不需要
再用文化來啟蒙社會，
但需要讓文化來改變臺灣社會。

因為威權的漫長陰影依然殘留在我們身上——對許多人和政治精英來說，發大財依然是最高法則。我們需要持續推動價值多元化的文化工作。

其次，在這個數位時代，一切更為快速與吵雜，世界變得更簡單、更粗暴（看看媒體標題），其結果是從歐美到臺灣，都出現某種反智的民粹主義。相對於此，更多的文化浸淫可以讓人們更深思熟慮，更多理解與同情、思考與判斷。文化不是溫飽之後的奢侈品，而且是生而為人的必需品。臺灣社會似乎對這個還沒有足夠的信念。

再者，即使從功利角度來看文化，其實這是一個創意經濟時代，是一個設計美學的時代，是一個故事與品牌的時代。所以，文化的力量可以推動臺灣經濟轉型。

更不要說，對一個國家來說，
文化是靈魂，
是我們珍惜的生活方式，
是我們在乎的價值，
是臺灣之於世界的獨特性。

什麼是臺灣文化的當代樣貌？

沒有人可以回答，或許也不該有一個標準答案。因為臺灣文化的內涵太豐盛，且不斷變動。但我們的確必須不斷追問這個問題，不斷地走進土地和歷史的深邃之處去探詢，並且在追問中持續創造新事物。

例如，有不少藝術家與設計師從宮廟與傳統中去整理傳統色彩、線條與聲音，並重新轉譯。

例如，不少原民或客家歌手，持續從古老傳統中找到根源，並用當代方式表現。

甚至從真臺味到新臺味的飲食，當我們更深厚地挖掘傳統，就能創造更多的新可能。

回到傳統，走向過去，這就是當代臺灣文化的面貌。

一本雜誌可以改變世界嗎？

一百年前的人們深信媒體的力量，所以他們辦《臺灣民報》告訴臺灣人，這個社會發生了什麼事，他們辦《臺灣青年》去討論議題與倡議價值。然後他們走上街頭，走入社區，去宣揚理念。

一百年之後，這些工作依然重要。雜誌雖被視為衰落的媒介，但其必要性反而更迫切：因為這個數位時代的資訊如此碎裂、扭曲，而雜誌是對當下的系統性介入，可以討論重要議題與現象，提出關鍵問題，倡議進步價值。

這是我們在去年創辦 VERSE 想要追求的目標。這也是《掛號》作為一個新文化運動載體所追求的。

當然，一本雜誌，一首歌，
一本書很難直接改變世界，
但它們能衝擊的人們腦袋內的東西：
那是價值與理念，
是看待世界的角度，
而這不就是文化的本質嗎？

所以，雜誌或者任何文化創作
可以改變世界嗎？
當然可以。因為世界就是我們
組成的，只要我們一起有了
共同的價值與對未來的藍圖，
世界就已經改變。
只要我們繼續從生活中、從土地上，
創造新的文化，
這就是臺灣文化的當代精神。

癸酉旧三月二十五日　四月十九日　水曜　乙卯

予定	天候	温度	來信	發信
婦女懇親会	晴	七十四		

柳澤警部補來問会見中川總督陳述地方自治制改革之希望其問答如
何則將其事実告之他並不問專務羅萬俥辞職之問題
子御来言梅臺欲將一新会館於其所有之椅棹売出不知要買之乎曰稍待之
大玖茲辛夔玖妻子来拜訪夔玖与雲玖於大正三年余率之上京留学彼
時夔玖八歲月今日归来其長女良子亦是八歲光陰迅速一瞬之間已过二十
年往事乃昨真是使人感慨无量
一新会社会部主催之婦女懇親会午後三時開於会館婦女及男子出席
者五十余人瑞蘭司会碧霞述開会辞会歌合唱攀玖擬演説題目
八個以抽籤定之各人所得之順次如下一、兩性争之自然与人生(余)二、男女交
際的考察(成玖)三、拿破倫大里枝(一新会)(桂桃)四、台湾女性美論(階堂)
五、感激的話(猶玖)六、我的戀愛観(桂鶯)七、太平洋麺包、音楽(春懐)
八、假使利得一万円(以義)次委員長講話次福引次猶玖為王瑞蘭
為女主作数分間之遊戲次月珠閉会辞内子因土月委員会推薦六玖
為相談役被攀玖反対而不得通过頗為不快故今日不出席

八時施深栄商土地買賣之事

事業ヲ取レ辞ヲ取ル勿レ（ビウモン）

「攀龍擬演說題目八個，以抽籤定之，各人所得之順次如下：一、霧峰之自然與人生（余），二、男女交際的考察（成龍），三、拿破倫、大里杙、一新會（桂桃），四、台灣女性美論（階堂），五、感激的話（猶龍），六、我的戀愛觀（桂鶯）……」

《灌園先生日記》

1933-04-19

日記 05

不只文明政治社會，也要文明感情婚姻

文字◉黃子寧

中央研究院
臺灣史研究所
農村調查計畫
博士級專案研究人員

「自由戀愛」曾是知識青年，反抗傳統、追求自我的口號象徵。不過說到底，可能始終就是一場場有贏有輸的感情遊戲。透過日記，或許更能看清遊戲中誰在笑，誰哭了，誰站出來，誰被推落，再看見自由夾雜著不公，戀愛交錯著殘忍。

「自由戀愛」曾是知識青年，反抗傳統、追求自我的口號象徵。不過說到底，可能始終就是一場場有贏有輸的感情遊戲。透過日記，或許更能看清遊戲中誰在笑，誰哭了，誰站出來，誰被推落，再看見自由夾雜著不公，戀愛交錯著殘忍。

「戀愛」或「自由戀愛」，這個描述男女之間彼此吸引悸動，過程中充滿甜蜜、不捨和痛苦的詞彙，對一九二〇年代以前，但憑父母之命締結婚姻的臺灣人而言，是一個新興陌生的觀念。一九二〇年代追求民族自治、平等、民主的政治風氣，連帶動搖解放了個人的內在世界，中上階層的新知識分子，不只想要文明的政治社會，也追求文明的感情婚姻。

對「自由戀愛」觀念的啟蒙、接納到徹底的實踐，完整保留在一九二〇年代新竹知識分子黃旺成的日記中。黃旺成從1921年至1925年在臺中仕紳蔡蓮舫[1]家工作，任職期間適逢臺灣文化協會蓬勃發展，他熱切參與文化協會的活動，從中獲得自由戀愛的概念，閱讀廚川白村《近代的戀愛觀》，與寫〈她要往何處去〉的友人謝春木討論戀愛議題，1926年時曾跟妻子林玉盞說明戀愛自由的意思，藉以「啟發她的知識」，可見當時「自由戀愛」不僅是熱門的話題，也被視為能啟發智識的觀念。

而這一切到了1929年後，戀愛對黃旺成而言，不再只是紙上談兵……他與助產士李招治陷入熱戀，濃情蜜意填滿日記：

「我願作戀愛的犧牲者。」

1：蔡蓮舫為臺中清水蔡家之家族領袖，為總督府積極攏絡的對象。

「我今後決計取著敬與愛的精神以從事於高潔戀愛的成就。」
「她是我的宇宙間唯一無二的情愛的對象，除她而外別無可受我真摯愛情的女性，我實可謂戀愛至上主義的忠僕。」

字字句句謳歌戀愛的神聖、純潔與永續。面對妻子的不滿，黃旺成以夫妻之間是「大義的名分」及「道德上的夫婦」辯解。依媒妁之言成婚的髮妻，是符合舊制度的名分象徵，自由選擇的戀愛對象，才是展現高貴愛情的真實依歸，新知識分子在自由戀愛的大旗下，站得格外理直氣壯。

如果能由戀愛順利結婚，再好不過，所以1943年小鎮醫師吳新榮在急迫揀選續弦對象時，輕聲哀嘆「沒有戀愛，就得到女性，那是多麼悲哀啊！」其實，沒有戀愛，在日治臺灣社會，還是能取得婚配，沒有聘金的話，可就不一定了。傳統婚俗中女家收取的聘金，一九二〇年代屢被詬病為買賣婚姻的身價金，知識分子主張改革，尤其強調免除聘金。黃旺成也支持「文明結婚」，但在日記中可以看到，文明結婚不但實施困難，結果也不盡如人意。1931年，黃旺成的友人鄭元璧以新式結婚樣式為女兒辦婚禮，未收聘金，形式簡單。不久後新婚夫婦失和，讓黃旺成不禁懷疑是否因為免除聘金，造成男方輕易提出離婚。1934年他為姪女陳氏昔雲舉辦婚禮，本意不欲收聘金，然而除他以外，全家人皆無喜色，最後也只好讓步。

黃旺成挺直腰桿捍衛愛情的姿態，顯現自由戀愛在生活中的實踐，放手不管晚輩婚禮的退讓，呈現不收聘金在現實中的難度，透過解讀日記的細碎訊息，或許最能幫助我們貼近日治時期的社會氛圍。

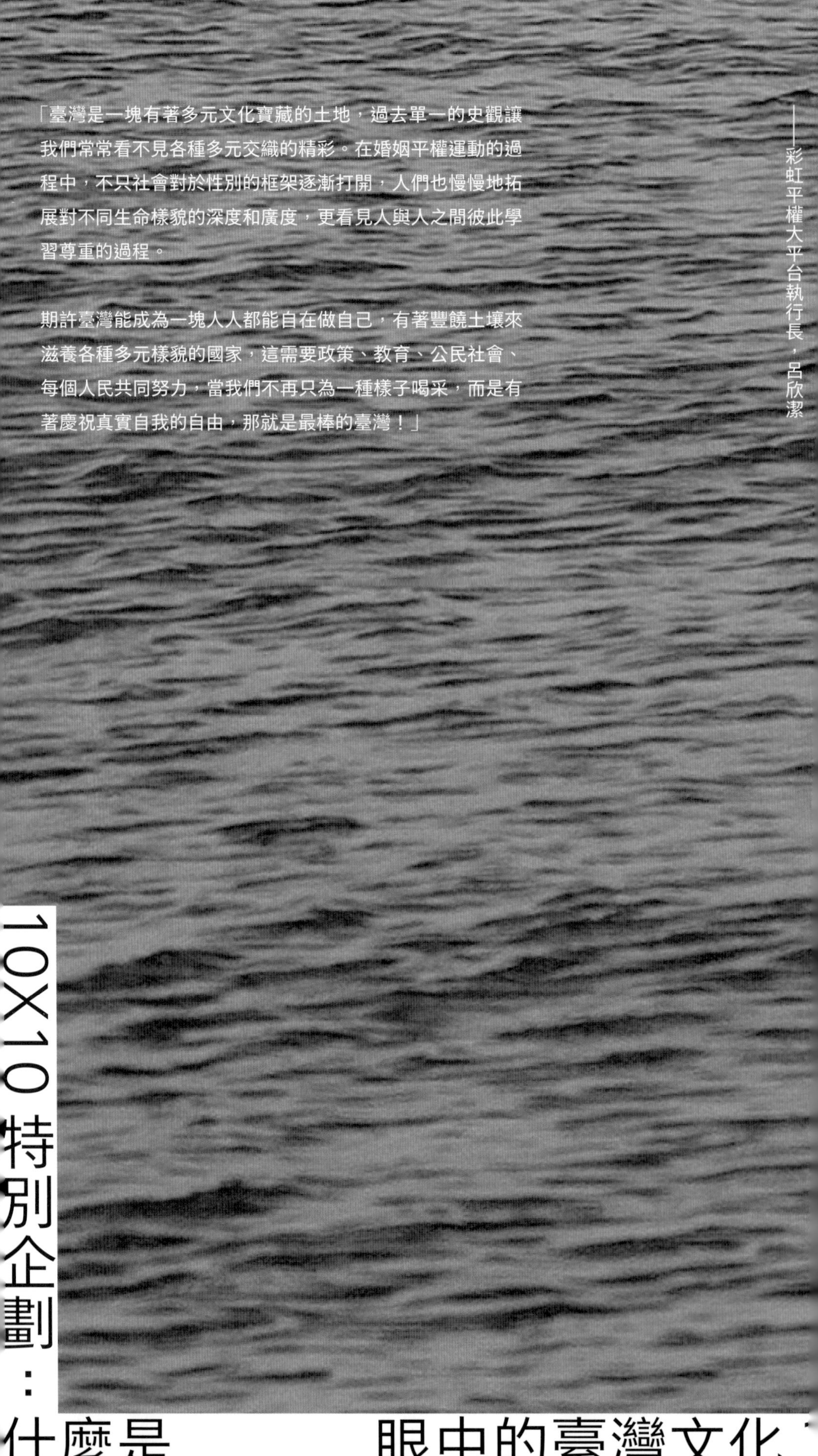

「臺灣是一塊有著多元文化寶藏的土地，過去單一的史觀讓我們常常看不見各種多元交織的精彩。在婚姻平權運動的過程中，不只社會對於性別的框架逐漸打開，人們也慢慢地拓展對不同生命樣貌的深度和廣度，更看見人與人之間彼此學習尊重的過程。

期許臺灣能成為一塊人人都能自在做自己，有著豐饒土壤來滋養各種多元樣貌的國家，這需要政策、教育、公民社會、每個人民共同努力，當我們不再只為一種樣子喝采，而是有著慶祝真實自我的自由，那就是最棒的臺灣！」

——彩虹平權大平台執行長，呂欣潔

10X10特別企劃：

什麼是＿＿＿＿眼中的臺灣文化？

提問 05

當台灣人開始追愛時，啥款？

專訪殷振豪

文字◉李姿穎——文字工作者
1993 生，桃園人。曾任女人迷編輯、BIOS monthly 副總編輯。還拿著筆，相信橡皮擦也是書寫歷史的一部分。

殷振豪
臺灣新銳導演，擁有獨特臺式美學，其作品有為金曲最佳新人樂團茄子蛋執導 MV〈浪子回頭〉、〈浪流連〉、〈這款自作多情〉的「浪子宇宙三部曲」，以及電影作品《當男人戀愛時》。

亡命鴛鴦、漂丿浪子、痴情的紅男綠女，殷振豪執導的電影與 MV，一眼就能看出他的手路——每款愛情，生猛有勁。這些充滿野性的愛情風景，在一九二〇年以前根本是奇觀，殷振豪說：「那個年代的人大多是相親結婚，怎麼可能想像得到現在用一個交友軟體就可以約會談戀愛啊？」

一九二〇年代臺灣受到東亞各地文化啟蒙思潮影響、隨知識分子主張改革，奉父母之命結婚的臺灣人開始追求自由戀愛，不僅有女性聲請離婚案例、質疑婚姻思想、雜誌談出軌、作品裡袒露女性情慾自主、背向媒妁之言的婚戀市場打開、性別位階開始鬆動……，殷振豪覺得談時代的戀愛差異很有意思，就像現在的青春期男女，也看不懂他少年時的愛片《藍色大門》：「現在的小朋友手機滑開想幹麼就幹麼，《藍色大門》連要知道一個人的名字、幾年幾班、星座是什麼都很困難，那個神祕感也創造戀愛感啊，可是現在小紅書、IG、臉書隨便一找，甚至每個人都在表現自己：#travel、#movie、#music，吃飯也直播，什麼都 Google 一下就有。」

「我看像疫情這樣發展，時代的年輕人很習慣所有東西都線上、所有東西都在家，搞不好延伸出來的愛情也會長得不一樣。你有沒有想過……50 年後疫情持續可能導致大家只需要在雲端上戀愛？現在覺得不可思議，一九二〇年代的人也沒想過打開手機可以跟人家約會啦。」

以後誰還在乎自由戀愛？殷振豪彷彿腦中已經構築好一個科幻劇本：「每十分鐘就可以雲端戀愛一次，固定有20個網路戀愛對象，很難說噢。」

生猛的愛，在八卦中誕生

有多少自由，就涉足過多少跨越，他拍的愛情總有獨到「氣口」，自由戀愛底下發展出來形形色色的關係，各種性別與階層的愛情，然而，無論角色穿著怎樣的衣服，最終都回到老派之愛：「其實像《當男人戀愛時》就是，雖然改編自韓國的劇本，但在做法與氛圍上都受到一九九〇年代港產片的影響，就會有比較老派。」殷振豪拍〈浪流連〉、〈這款自作多情〉、《當男人戀愛時》，說的好像都是同件事——

高捷：「你知道為什麼浪子要回頭嗎？」
吳朋奉：「為什麼？」
高捷：「因為愛。」

拍攝李友廷〈你也愛我就好了〉，跟隨音樂的緊張節奏堆疊出愛情綁架犯的故事，場景一開始就是超現實，「如果你今天得到的命題是談分手的音樂，我們都看過很多分手的 MV，有些都會感、丟東西、不開心、哭、拖著行李箱、摔手機摔水瓶。」還可

全島大串連

文協百年

大稻埕情人節

臺北市政府觀光傳播局

由臺北市政府觀光傳播局所舉辦的 2021 大稻埕情人節，與 2019 年新文化運動紀念館特展《自由戀愛——時代製造的浪漫》內涵相呼應，延續新文化運動經百年積累而來的自由戀愛精神，為慶祝一年一度的七夕情人節，將於大稻埕周邊舉辦市集、邀請歌手演唱情歌，並於大稻埕河岸（延平河濱公園）施放煙火秀。

以怎麼做呢？他把分手的不情願放到最大——你看，我願意為了你傷害全世界的人，畫面帶動情感的張力就成立了。

MV 史從唯美偶像大特寫、日系氛圍感、各種媒材加入的百花齊放，相較下他拍敘事 MV 有憨直的果敢：「這種做法是比較直接跟暴力的，東西做不好，就會變很老土，這跟老派有些不同，如果沒有做好寫實的探討，就會無聊掉了。」那來自他對九〇年代港產片的喜愛：「不管是愛情片或喜劇片都是很直接，那種東西現在來看，天啊有夠俗，但我覺得很迷人。」俗氣的愛情，啥款？

1990年，劉德華與吳倩蓮主演的《天若有情》上映，年少輕狂的華弟遊走江湖，偏偏只在 Jojo 面前顯露純情，「那種不顧一切、愚蠢，很讓人嚮往，在大部分人循規蹈矩的生活裡很難這樣做，可是我又在田調過程、看社會新聞中知道這樣的事情是會發生的。」

殷振豪常聽八卦：「你們同事跟朋友都超多八卦哦，我在聽八卦時會開始構築不同的世界觀，想要了解那個八卦裡的主角是什麼樣的生活、他為什麼會這樣做。」取材不同人嘴裡的兩個八卦拼湊起來，也是一個人物原型或故事背景了。

「我很喜歡《臺灣啟示錄》那種東西，裡面的真實案件，看到小小一個臺灣裡面有這麼多種……扭曲的情感、虛實難辨的事件，只是把這些故事轉換成年輕一點語言，或是美學上再做一點提升，就很有趣。」從抗戰歷史、演藝人員故事到冷血蛇蠍女斷掌案，《臺灣啟示錄》這樣一鍋雜燴，成了劇本的原檔。

夾縫中的愛情

「不要只是看歐洲電影很美就跟著做，對於我來說，真正能幫你完成感人的創作不會是這個，幫助到我創作的是《臺灣啟示錄》這種，那才是這片土地上的人的感情。」他拍夾縫中生長出來的愛情：「我寫的那些人遇到的狀況是人類展現出的最原始、最直覺的狀態，當他們的愛情試圖破土時，那個本質很有吸引力。」

〈林森北路〉裡媽媽桑跟酒客的惺惺相惜：「那個美就在，老闆娘最後對客人說『你已經很努力了呀！』其實也是對自己說，這個日式酒吧裡的故事是真實故事，日本人來臺灣工作、辛苦生活、開一個小酒吧。彼此看到了對方，有種安慰跟憐憫，不是一定愛來愛去才能體現愛情。」

又比如〈這款自作多情〉也標誌自由戀愛的生命力：

「現代戀愛關係好玩在於
大家會以自我為主，從一九二〇年代

那種以父母為主、以伴侶為主，
慢慢甩開這些回到自己身上，
這種自在就會帶來很多驚喜。」

殷振豪發展的角色也因此帶有不羈，〈浪流連〉裡的陽靚、〈孤獨的人我們一起出發〉中的女孩們：「我很喜歡的一種人物設定是……像風俗業會有很多標籤，突破所謂的典型，拍到這些女孩子也有自己想追尋的浪漫可愛的東西：去迪士尼，開美甲店……」

「故事如果一開始就設定她是女強人，這不浪漫啊。我想拍的不是人生勝利組價值下的夢想，那些小姐不會說我的夢想是去德國念書。」小而卑微的美，從自由裡生長出來，懂得矮小，才能強韌。

一年結婚一次

然而，他看普世愛情也不斷持續思考時代裡親密關係的變形。百年前，「終身大事」還是兩家族的事，跟隨時代思潮、加上教育普及，青年們對婚姻議題敢於更明確表態，追求自己決定結婚對象，但來到現代，殷振豪認為婚姻價值又有新的討論——終身大事有這麼牢不可破嗎？有沒有可能，結婚是簽年約啊？

他看到日本一對伴侶長谷川和江添透過律師簽訂合約，雙方提出在關係裡的實務需求，偶爾一起吃飯，允許對方出軌，為了保證關係的輕鬆舒適，以便隨時能結束，提出一年更新一次的要求。「婚姻本身就是來自於法律跟約定，既然是合約，是不是可以兩三年簽一次，讓大家比較不會有壓力，也可以回顧這幾年相處的狀態，思考怎樣會對彼此比較好？這個滿酷的。」日本《月薪嬌妻》、《某某妻》也都相繼提出合約婚姻的概念。

他眼見關係樣態的改變，不僅是一輩一輩，更是一歲一歲在形成差異：「像開放式關係，在臺灣的年輕世代也非常盛行，30歲以下的人對這種關係可能都有耳聞。」

返回看自己的戀愛觀，少年時期《藍色大門》、《盛夏光年》，愛情的壓抑讓升學壓力找到出口。二十幾歲看《志明與春嬌》裡三十多歲熟男女的都會戀愛：「那個不只是愛本身，你會因此期待成熟以後的戀愛更自在，要開車去哪就去哪，帶著物質的享受進入愛情，談分手也不像小時候失去一個人就天崩地裂。」

來到現在，殷振豪反而喜歡《去X的世界末日》：「好Q哦，可愛到不行，人生太苦了，如果可以像他們這樣遠走高飛，耍個可愛，好像還不錯，就算有雜音，我們愛怎麼樣就怎麼樣。」

吸引他的總是怪咖與怪咖的相視而笑，《志明與春嬌》裡志明喜歡看馬桶冒出乾冰，春嬌與志明在天橋煞有其事地討論飛碟，「《去 X 的世界末日》就又更怪，兩個人都不是正常人，能夠互相欣賞彼此的怪，浪漫度爆表。」

「i n 55!W !」[1]

未來世代，是不是還能懂得這組調情密碼？

1：電影《志明與春嬌》中經典台詞「i n 55!W !」，倒過來看，即是「i Miss u ！」。

夜は風の音をききつつ、牛鶏肉のすき焼きをし、ユーモアたっぷりに騒ぐ。楊達、すっかり酔ぱらってとぐろを巻く。

「晚上聽著風聲吃牛肉、
雞肉的壽喜燒，幽默洋溢地吵吵鬧鬧。
楊達大醉，身體蜷曲成一團。」

七月十六日

水曜 皇紀二六〇二年 昭和十七年 天候 晴、

朝文環宅にて呉新榮氏と會談。午食は陳逸松宅にて、會する者は數名。午後張金河宅を訪れる。四時バスに乗りて草山の白雲莊へ。そこで一日し、騒ぎ廻はる。連中は王井泉、張文環、呉新榮、中山侑、藤野唯士、陳逸松、陳紹馨、陳夏雨、楊逵、楊佐三郎の諸氏。

夜は風の音をききつゝ、牛鶏肉のすき焼をし、ユーモアたっぷりに騒ぐ。楊逵すっかり酔ぱらってとぐろを巻く。

夜眠れず、風の音しきり。

金曜 皇紀二六〇三年 昭和十八年 天候 晴

朝、出社したところを張冬芳氏、傅雄飛氏を連れて訪ねてくる。共に「明治」にゆき雑談す。晝に至り「森永」にゆき、晝食を共にす。再會を約して別れる。

午後、印刷屋へ、校正済のゲラを渡す。

退勤後直ちに傅雄飛氏を伴って帰宅。夜食は張冬芳宅で三人飲酒。今日は舊の六月十五日といふので、此家は團子をつくってある。芳卿が發熱。

夜っ「台灣文學」秋號の目次考案、雨、沛然とふり出す。

土曜 皇紀二六〇四年 昭和十九年 天候

日記 06

新時代的新飲料

文字◉林韋聿

國立政治大學歷史所碩士

板橋林家二少，「每日一冷」作者之一，喜歡閱讀的守門員。最近看完松井玲奈的《累累》。

1895年6月17日，首任臺灣總督樺山資紀在臺北宣布始政，到1945年10月25日末代總督安藤利吉遞交降書，日治時期的50年說長不長，說短不短，但已經足以為臺灣帶來許多天翻地覆的改變。

在政治社會運動風起雲湧的一九二〇年代，日本對臺灣的統治已經超過25年了，將近一個世代了，日本的社會文化在臺灣開始潛移默化，進入臺灣人的日常。所謂「民以食為天」，在最貼近我們生活的飲食文化中，現在的日常生活中，其實有許多飲食都可以追溯到日治時期。

現在許多人每天早上起來務必來上一杯，如果少了這一杯，彷彿一天就無法開始的咖啡就是在日治時期在臺灣普及的。1897年，歐風咖啡茶館西洋軒在報紙上刊登的廣告就有提到提供咖啡、西洋餐食、葡萄酒、白蘭地等。大概是市場對於新出現的咖啡給予了正面的回饋，除了西洋料理店以外，許多地方也都開始供應咖啡，包括了火車、旅館，甚至連臺式的餐廳也都有提供咖啡。

臺灣第一家以咖啡店為名的營業場所是1912年12月在臺北市新公園開設的カフエー・ライオン（Café Lion），由日本人篠塚初太郎出資成立。在開業兩年後，カフエー・ライオン還擴大規模，改建成兩層樓的建築，並增建宴會廳，可以容納180多人。從成立兩年就擴建，可以知道生意應該相當興隆。

除了喝咖啡以外，當時的咖啡店往往有著華麗的歐式裝潢和精緻的家具，因而形成現代化的象徵。許多文人雅士往往以咖啡店為據點社交和聚會，也不乏各式藝文活動，可以說是一九二〇年代文青的集散地。臺灣的咖啡店在一九三〇年代達到巔峰，咖啡店最鼎盛的時候，全臺灣有多達兩百家以上的咖啡店。

霧峰林家的林獻堂曾在日記中寫下他飲用咖啡的生活：「六時餘看護婦以溫湯為余拭身，飲咖啡一杯，復再假寐。」當時林獻堂因為鼻子動手術而需要看護擦澡；大概是身體虛弱，所以早上起來用過咖啡以後，又再回去休息。不過，可以看到當時的仕紳階級已經開始喝咖啡，並在日記中留下紀錄。

日治時期的知名社會運動者黃旺成也曾多次在日記中提到喝咖啡，「老李似有幾分酒意，蹣跚狂呼，一同再至李家用珈琲及葡萄乾。」除了咖啡以外，黃旺成也吃咖哩飯和葡萄乾，他可以說是當時相對時髦的人，對於新事物勇於嘗試，不至於過於抗拒。他也曾在日記中記錄品嘗鋤燒（壽喜燒）或是牛肉等新式食物的經驗。

此外，他也去過有指標性意義的第一家專門咖啡店カフエー・ライオン：「晚林祖壽一行來寓與東家會面，然後一同至新公園ライオン館受黃錤氏招待，八時一行再至淡水戲館觀劇」。在咖啡店用餐，然後去看戲，或許可以說是是一九二〇年代仕紳階級和文人雅士生活的一部分。

日治時期的臺灣，在日本的影響下，許多洋食、和食紛紛在各地發展，為臺灣的飲食文化注入一股活水。回顧臺灣現代的日常飲食，其實當中也蘊藏了許多歷史與文化。

什麼是 ______ 眼中的臺灣文化？

10X10 持別企劃：

「臺灣文化是醒來，菜市場裡紅燒肉散發出來的迷人香氣。老闆娘會殷殷告誡顧客，接下來民俗節日是哪天，肉會提早被訂光，從一塊肉，知道一地人們的歲時祭儀。在散發的香氣裡，嗅聞到熟悉的香料配料，八角、白胡椒、五香、微甜糖香，這個基調延伸到決大部分的臺菜料理，無法具體形容，但在熟悉的基調組合裡感受到天經地義的日常。人跟人默契排隊，等待一塊醃漬後被炸得恰到好處的肉塊，期待不曾落空，每日反覆具體實踐，這是吃出來的臺灣文化。」

——飲食作家，毛奇

提問 06

咖哩跟飯，

你是攪拌吃派？還是分開吃派？

文字◉陳志東
——資深旅遊美食記者

有隻貓，就能玩一下午；有支筆、有臺相機，就能看見平凡事物中隱藏著的深深人情。

咖哩跟飯，你是攪拌吃派？還是分開吃派？

這道百年前進入臺灣的美味料理，在當時可是知識分子、文人雅士喜愛的時髦西洋飲食，日治時期文協志士黃旺成，就曾在日記中寫下「晝一同來竹迺家西洋餐店用加里飯、珈琲、茶」，就是黃旺成與朋友一起去「お洒落」[1]的西餐廳吃咖哩飯、喝咖啡與茶的紀錄；1924年在東京進行臺灣議會請願運動的運動者，也曾在請願中途前往「高田牧舍」開會、用餐，當時東京正值全面西化，作為跟上潮流的咖啡館，高田牧舍也販賣起後來成為店內招牌的洋食咖哩飯。

而咖哩該不該攪拌這個看似無厘頭的問題，在實踐上也曾在現代日本爭論不休還上過新聞，攪拌吃派覺得分開吃派的人「自以為是大人一樣傲慢」，堅持要攪拌一起吃，「才能將兩者滋味完美融合並碰撞出更有深度的滋味」。而分開吃派會覺得攪拌在一起「看起來髒髒的」，堅持要分開吃，「才能每一口都有不同比例的醬跟飯搭配，那期間充滿層次變化，而不是從頭到尾吃一樣的東西」。

但今天，我們不談這些味覺哲學，我們要談的，是咖哩飯裡面的那個「飯」，還有「咖哩」本身到底怎麼來到臺灣，並成為如今人人家裡都能隨時端上桌的平民美食，從一道現今我們認為簡單、方便的料理，看見日治時期臺灣飲食發生的巨大改變。首先，我們先從「白米飯」談起！

先說「白米飯」

臺灣人愛吃的日式咖哩飯，「飯」在其中重要程度與咖哩醬不相上下。臺灣米飯主要區分成三大類，第一類是糯米，主要用來製作麻糬、肉粽、飯糰等食物，其中圓糯米容易軟爛，適合做成麻糬這類甜點；長糯米顆粒結實，適合飯糰、油飯。

第二類是在來米，也就是「原本在地的米」。這類米又被稱為「秈稻」，其外觀細長、缺乏彈性黏度，也較少澱粉，所以吃起來有點鬆垮也不太甜。這種米至今仍是全球稻米主流，包含印度、泰國等東南亞地區幾乎都是秈稻世界。在日治之前，臺灣主食也是這種米，但目前這類米大多用來製作碗粿、米粉、蘿蔔糕、粄條等米食加工品，特別是放了一年後的「舊米」，含水量愈少，做出來的碗粿品質愈棒，新米做粿一定會被老饕打槍。

第三類是蓬萊米，就是今天我們咖哩飯內那個米飯主角！蓬萊米外觀圓圓短短，又被稱為「稻」，它很有黏性與彈性，入口滿是澱粉香甜，現在我們日常生活食用的濁水溪米、花東縱谷米、臺梗九號、臺南二號、益全香米、越光米等多樣品牌與品種，追根究柢都是蓬萊米。以數據來看，2017年全臺二期稻作收穫面積

1：Oshare，日文音譯，「時髦」之意。

10萬4,859公頃，其中蓬萊米就占9萬8,569公頃，在來米只占2,310公頃，糯米占3,978公頃，亦即蓬萊米產量高居全臺稻米94%！這如今的臺灣主食、備受臺灣人喜愛的香甜稻米，可以說是當年日治政府為臺灣飲食文化帶來的最深遠影響。

米的革命：嘉南大圳與蓬萊米原鄉

當年日本政府要在臺灣推動蓬萊米種植，其實歷經許多巧合與艱辛。事情要從嘉南平原、嘉南大圳，還有臺北陽明山上的竹子湖說起。

1910年，年僅24歲的八田與一，從日本東京帝國大學土木工程科畢業後就來到臺灣擔任臺灣總督府土木部工務課技術人員，來臺後第一項任務除了協助濱野彌四郎投入臺南水道計畫，並曾參與桃園水圳（石門水庫前身）工程設計外，更重要任務就是走遍全臺調查值得開發之地，隨後八田與一也很快提出了嘉南大圳、烏山頭水庫、曾文水庫、日月潭水力發電等一系列規劃。

嘉南平原早年旱澇兩極，根本難以大規模耕種，八田與一的計畫很好，但提出後立即因預算高昂而遭擱置。巧合的是，1918年日本本土爆發商人囤積糧食導致糧價高漲的「米騷動」事件，日本政府決定加強殖民地的糧食生產量，嘉南大圳一案因此起死回生，隨後在1920年嘉南大圳與烏山頭水庫動工，並於十年後完工。

烏山頭水庫像心臟，嘉南大圳就像一套主動脈、大動脈、小動脈、微血管、靜脈的人體血液運輸系統，大大小小水道總長16,000公里，地球週長40,075公里，這相當於可以繞三分之一個地球，一舉灌溉了15萬公頃農田。

有了水，有了土地，就要思考種苗。當時臺灣沒有蓬萊米種，也因氣候過於炎熱種不起來。1923年，臺灣總督府決定在海拔約650公尺的陽明山竹子湖設置蓬萊米的「原種田」，並一舉試種成功，隨後日治政府請在地農民一起種蓬萊米（也就是現今種海芋與繡球花那些農民們的爺爺奶奶），收成之後，農民每100斤裝成一個大麻袋，用人力扛著走路四、五公里，把米從竹子湖山谷扛到現今湖田國小旁的農試所，每100斤蓬萊米交出後可換回120斤在來米作為食用，日本政府再將這些蓬萊米當成種子分配到全臺各地作為稻種。

亦即日治時期臺灣各地的蓬萊米，其最初種原都來自竹子湖，竹子湖也因此被稱為臺灣蓬萊米原鄉，而有了嘉南大圳的灌溉水源與這些稻種，從此嘉南大圳成為臺灣糧倉，臺灣也從在來米的世界變成蓬萊米國家。下次吃咖哩飯可以試著用在來米搭配看看，這時不管混著吃或分開吃，保證你都會超感謝當年這場水利工程與種苗革命，蓬萊米真的比在來米好吃多了。

再說「日本式咖哩」

到 Google 輸入「傳播到全世界的料理」，第一個跳出來結果會是「咖哩」。咖哩這個在16世紀隨著大航海時代而傳播到世界各地的醬料，它沒有一定的形式，甚至沒有一定的顏色與滋味，但幾乎所有人都知道「它就是咖哩」。它是一個既突破了文化隔閡，卻又融入的各地文化的獨特滋味。

咖哩起源於印度，隨著大英帝國海洋霸權傳播到世界各地，有趣的是，咖哩原本只是印度人日常滋味，沒有專屬定義，目前的「咖哩」一詞定義是英國人下的，意指由薑黃、芫荽、乾辣椒等多樣香料並以油烹煮的「醬汁」。亦即咖哩沒有一定面貌，世界各國都不相同，它豐儉由人，但基本上只要是充滿薑黃、芫荽、乾辣椒等辛香料的醬汁就可稱為咖哩。

咖哩估計是一八六〇年代傳入日本，最早的日文咖哩食譜出現於1872年的《西洋料理指南》書中，但最關鍵是1905年日俄戰爭爆發時，當時日本海軍多數因飲食不均衡而患有會導致中樞神經病變的腳氣病，幾經研究是缺乏維生素 B1，最後結合白飯、咖哩、肉類與蔬菜的「海軍咖哩」誕生，其中最重要的三樣蔬菜就是洋蔥、馬鈴薯和胡蘿蔔。當時這三樣蔬菜都來自西方，明治時期日本並沒有這些作物，最後日本政府選定在北海道種植並一舉成功，此後日本咖哩雛形就此確立，並因方便、快速、平價、美味與營養均衡，咖哩滋味迅速拓展到全日本並傳到臺灣。

在餐飲雜誌《料理．臺灣》的〈臺灣咖哩的前世今生〉一文中，作者曾齡儀根據日治時期新竹知識菁英黃旺成日記顯示，早在一九一〇年代新竹就已有販售咖哩的店家，1928年時臺灣街頭已經可以買到咖哩粉，1931年與1934年《臺灣日日新報》都還曾特別以新聞報導方式介紹咖哩是「最適合夏天的洋食」，還提供「咖哩豬肉飯」食譜，顯示當時咖哩已經是知識階層所熟知的料理。

比較有趣的是，咖哩在臺灣各地發展出的面貌大致相同，都是帶點微微辣或甜味的辛口或甘口，顏色偏咖啡或偏黃，然後配上「咖哩三友」洋蔥、馬鈴薯和胡蘿蔔再搭配白飯。唯一比較特例的是基隆。

1949年時基隆成為國民政府撤退來臺主要接收港口，許多中國移民就此留在基隆，其中又以廣東潮州、汕頭，山東與浙江溫州等地移民最多，其中汕頭因為早年下南洋當苦力，帶回沙嗲飲食文化並發展成「沙茶醬」，加上基隆船員帶回南洋咖哩，再加上過往數十年日本餐飲文化的影響，就此發展出基隆專屬的「咖哩沙茶炒牛肉」獨特滋味。原始老店在基隆中山

1：Oshare，日文音譯，「時髦」之意。

區「流浪頭」，而一般遊客常提及的基隆夜市「阿華炒麵」，也是典型的基隆咖哩沙茶滋味代表，是咖哩落腳臺灣所長出的屬於臺式咖哩的模樣。然而，大家可能難以想像，在這之中還有一個關鍵要素，影響我們能否吃到好吃咖哩，「市場衛生與冷鏈的改善」，即是一種最硬派的溫柔，讓每一位臺灣人都能獲取乾淨、新鮮的食材，烹煮出衛生、好吃的料理。

影響最深是市場衛生與冷鏈

日治時期對臺灣飲食文化的影響，除了蓬萊米與咖哩外，其他顯而易見的還有捕魚方式、海鮮文化與魚漿文化，包含臺東成功的標旗漁法、基隆的天婦羅、西部沿海烏魚子製作技法或巾著網漁法都受日本影響，另外還有蔗糖與酪農之起源，也都是當年日本殖民時期，產生的飲食變革。

然而，日治時期影響臺灣最、最、最深遠的，還是當時日本因臺灣衛生條件不佳導致疾病傷亡不斷，因此積極在各地興建菜市場，且多數菜市場均設有製冰店，因此改善了臺灣蔬果與肉類的衛生安全與冷鏈。它不是很直接的滋味影響，卻是最重要的飲食文化向上提升關鍵，並讓食物保存與運用有了更多的可能。

一道料理看見的臺灣飲食命題

當年文人志士曾享用過的美食咖哩，我們從中看見臺灣走過的百年飲食文化。臺灣飲食發展走過和食料理的融合，走過中國八大菜系的輝煌，也走過艱辛眷村的創意，並在經濟起飛後，邁向奢華與多元；到了現在，臺灣更已成為世界各國飲食文化交匯地，米其林精緻餐飲正興起。但在此同時，有愈來愈多公式化、SOP化的連鎖餐飲進入臺灣，或日式、或韓式、或東南亞、或美式速食，它們進駐百貨公司美食街，引領眾人追逐排隊。然而，這股飲食潮流，實際上卻更像是包裝精美的商業模式，不停複製、提供看似完美卻千篇一律的商品。

在這股潮流下，「什麼才是臺灣的飲食文化？」是當代我們需要回頭思考的命題。

如何回頭看看臺灣自己本土物產、在地料理，將變得更加重要。只有理解每個物產背後的生產過程與價值，理解每個在地食材的運用並結合生活記憶；關注農產，看顧土地，不要讓根飄移，這樣的飲食，才能有我們臺灣的靈魂。

咖哩跟飯要攪拌吃？還是分開吃？都行！

重點是，吃的時候回頭看看，這一口飯跟咖哩醬汁，還有那淡淡的辣跟甜，它們在口中那短暫三秒鐘的刺激喜悅，背後是百年歷史演變，與無數先人的艱辛與創意才能獲得的美麗滋味。

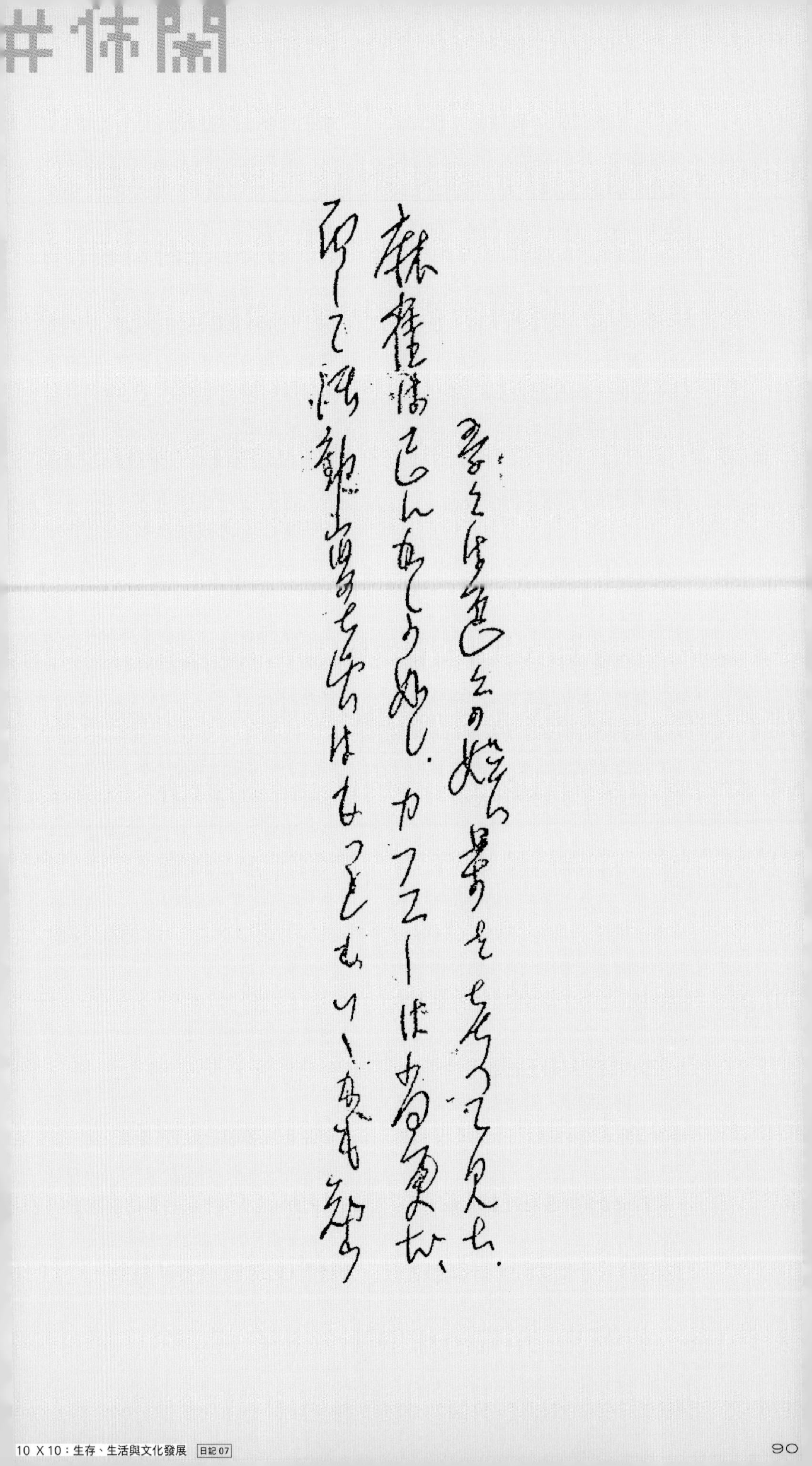

吾人生涯に於ての婚姻の事を考へて見た。

[illegible]さんがしりぬし。かつて一は[illegible]世、

[illegible]して[illegible]は[illegible]

「想一想各式各樣的娛樂，

麻將如此，咖啡屋亦如此。

也許看電影會較好吧，但得花相當多的時間。」

《吳新榮日記》

1938-07-24

日記 07

合宜的娛樂？
不合宜的娛樂？

文字 ◉ 徐聖凱

中央研究院臺灣史研究所
博士後研究學者

研究休閒史、動物園史、教育史和兒童史。博士論文：〈日治時期臺灣的公共休閒與休閒近代化〉，另著有《日治時期臺北高等學校與菁英養成》(2012)、《臺北市立動物園百年史》(2014)等。

今日娛樂選擇極其多元，即便是相同的性別、階級、族群，每個人可能也會有一兩種別人沒有的娛樂，但這種娛樂的多元性和多元選擇，主要是日本時代才開始的事情，日治引入西式、日式娛樂，並持續開放中國娛樂來臺，新舊娛樂合計至少二、三十種，也因為有多種娛樂可「比較」，一九二〇年代知識階層選擇壓抑傳統，同時擁抱外來新娛樂，並積極透過社會運動影響臺灣社會。

日本統治後的1905年，仍有近七成的臺灣人以農業為本業，農家生活遵循土地規律，日出而作，日落而息，逢歲時節日才有休息或休閒，在媽祖誕辰、土地公生、王醮、普渡、寺廟慶成，幾乎都有戲曲可看，即使是知識階層或中上階層，也都共享相同的活動與文化。清末出生的張麗俊，日記中和一般庶民一樣，以看戲（尤其廟前觀戲）和享受各種宗教慶典為主要娛樂。清末出生但受過新式教育的小學教師黃旺成，常偕同家人觀賞大廟建醮、中元普渡。

與此同時，社會上對這些「傳統娛樂」和戲曲也有一些雜音，特別是一九二〇年代，因傳統娛樂往往涉及祭神拜鬼，被知識階層視為「迷信」；深受庶民歡迎的歌仔戲，被知識階層評為「淫戲」；賭博則斥之為「陋俗」。當時張麗俊、黃旺成、林獻堂、吳新榮日記，都分別記載個人關於「打破迷信」之行動與表態，使得以節日慶典為中心的傳統娛樂，在他們日常生活中日益減少。林獻堂、黃旺成的日記，也表達了對臺民愛賭博的反感。當時知識階層以文化協會為中心，宣傳娛樂必須是「正向」的，對個人的養成是「有益」的，宣傳新劇「文化劇」（取代「淫戲」）和「美臺團」播放具教育意義的電影，同時企圖壓抑那些「不合宜」的娛樂。

當時知識階層以西化為標準，希望盡可能移植「文明」的新生活，像跳舞出現在黃旺成、林獻堂、吳新榮的日記，即便舞者穿著露骨不亞於歌仔戲，也因為是來自西方「高尚的室內社交」而被接受，麻將也因在西方流行，以「室內社交」之名飛來臺灣，讓吳新榮日夜顛倒，他一開始只是為了好玩，然後賭吃喝，賭菸酒，甚至於賭上金錢，不時和一群「惡友打麻將，一直打到天亮」。提到麻將賭博，黃旺成可是覺得賭博之惡，甚於鴉片。

一九二〇年代傳統娛樂和戲曲雖飽受知識階層攻擊，同時知識階層生活越來越西化，但總體來說，他們並未完全捨棄傳統，而是成為「新舊並存」的新娛樂型態，只是隨著一個個世代交替，張麗俊、林獻堂、黃旺成、吳新榮、陸季盈（先後分別出生在1868、1881、1888、1907、1916年），日記中的傳統娛樂愈來愈少，相對的，則是西式娛樂、日式娛樂愈多。附帶一提，一九三〇年代「鄉土」的新思潮曾影響一部分知識階層，本已「打破迷信」的吳新榮，日記中改稱迎神建醮為「鄉土藝術」（而不是迷信），黃旺成的醫師友人張溫流，也說歌仔戲是「鄉土藝術」（而不是淫戲），重新接納回到他們的日常生活。百年後的現在，什麼是「合宜」的休閒？什麼是「不合宜」娛樂，你的標準又是什麼呢？

「臺灣的文化是什麼？光是提出這個問題就令人振奮，20年前我們還很難探討這個議題。

如果臺灣是家餐廳，菜單上有《飲食男女》的蟹粉湯包也有生菜鴿鬆，溫蒂漢堡跟北京烤鴨相得益彰。《深夜食堂》的拉麵和熱狗章魚，《將太的壽司》中的鮪魚全席精緻又好吃。《五星主廚快餐車》中的 Oyster Po' Boy 牡蠣三明治和金黃薯條，基努李維在《漫步在雲端》中為你釀製 Napa Valley 葡萄酒。這些還不夠？那當然還有《含笑食堂》裡的卜肉和西魯肉，《雞排英雄》裡的夜市雞排牛排，《老姑婆的古董老菜單》中的魷魚螺肉蒜，搭配《雙城故事》裡大稻埕漢藥行的人參豬心湯，而《三更》裡的餃子已經消失在這個時代……

臺灣的菜單仍然在發展中，最近又加入捷克巧克力和立陶宛啤酒。而且菜系開始混搭 fusion，讓你搭配每天不同心情來享用。我想這就是臺灣的文化，豐富多元混雜卻自有秩序，海納百川，漸漸走出一個沒人去過的方向。」

——青睞影視創辦人／導演，葉天倫

10X10 特別企劃

什麼是＿＿＿眼中的臺灣文化

提問 07

看電影，是休閒娛樂？還是展現地位？

文字◉張硯拓
——影評人／釀電影主編

曾任金馬影展奈派克獎、女性影展、高雄電影節、香港電影節費比西獎評審，出版電影文集《剛剛好的時光》。

愛看漫威、DC英雄片，就比較沒文化？愛看藝術片、紀錄片，就比較高級？早在百年前，懷抱強大使命的臺灣文化協會，除了評判知識水準的及格、不及格，面對文化內容，也自有一套「階級系統」；而百年後，這座島上的知識水準、文化風景、國際關係和人與人溝通的方式，都不一樣了。但有個現象則是更劇烈，那就是「批評」——人對事物、對社會、對他人的評價心態，前所未有地用力、在意而且沉迷。

在這般眾聲喧嘩中，本文將以「看電影」為例，看看一百年前與後，我們如何看待休閒活動？怎麼把看電影跟「階級」[1]搭在一起？對待休閒活動的態度，也能反映我們看待文化的態度嗎？

電影作為一種被評價的休閒

當年臺灣文化協會的文人志士，深具改變臺灣的使命感，這讓他們的行動都必然帶著「目的性」。而在相關史料中，有一條支線值得注意——文協執行的文化活動。

除了靈魂人物蔣渭水主編的文化協會《會報》，以及成立讀報社推行《臺灣民報》之外，另一位文協成員蔡培火自1925年成立電影巡迴隊，將日本購回的放映機及十幾部知識／劇情影片帶往全臺放映，並在日後成立「美臺團」，甚至有過一年近百場、超過三萬人觀影的盛況！

「電影」作為一種休閒，結合故事和影像，是集攝影、文字、繪畫、服裝設計和表演的複雜藝術，具有能把另一個時空情境——如異國的日常生活、思想——帶到觀眾面前的功能。而「從事」這項休閒的過程，就是在看、在吸收，這個「受」的態勢非常明顯。因此對巡迴隊而言，透過電影傳遞價值觀、開拓國際觀、教導知識給臺灣人，再適合不過了！再加上辯士偶爾臨場發揮，把特定思維藏在話裡，把希望傳達的理念推好推滿！

電影巡迴隊與美臺團的活躍，一方面顯露文化協會用力用心，一方面也透露電影這個新形式對當時世人的吸引力。他們還想用電影取代傳統的野臺戲、歌仔戲，因為後者「不論演員和觀眾都不懂在唱什麼」而且「內容千篇一律」——看到這，嗯，是否感受到某種區分「娛樂」的階級目光了？

大致上，電影被推崇的理由有三：

「**知識性**」：進口影片帶來異國新知。

「**藝術性**」：電影結合戲劇和攝影，後者正是當年的青年才俊（公子哥兒）們最新潮的嗜好。

「**議題性**」：不論故事情節或辯士借題發揮，都能傳遞是非、道德價值，讓電影不只教育人腦，還教化人心。

1：這裡的階級是指（人心裡）對於休閒內容的優劣位階評價，而非其他語境中，不同社會／經濟階級所從事休閒活動的差異——後者的連動關係當然存在，且和本文要談的階級心態及其背後的優越感脫不了關係，但那需要另外成文去討論了。

文協百年

全島大串連

《趣吧！與百年前的趣味相遇》

臺灣新文化運動紀念館

臺灣新文化運動紀念館為全臺灣唯一以新文化運動為營運核心之場館。除了積極籌策新文化運動相關的史料，也進行各式整合與活化，持續對大稻埕重要的歷史活動據點投入關注。距離臺灣文化協會成立百年的 2021 年，臺灣新文化運動紀念館籌辦「文協百年系列特展」，並以《趣吧！與百年前的趣味相遇》為主題，舉辦「興趣」相關面向之特展，讓百年前的人物生活更躍然眼前。（展覽詳細說明可參閱〈拼貼的新文化牆——2021〉單元。）

一百年後的現在，因為資訊和文化內容越趨分眾，不同藝術類型的階級比較，相對少了。反而電影本身發展超過一世紀，其形式、思維、創作意圖和面向的觀眾，都變得包羅萬象。於是不同電影之間，生出了「階級感」。尤其在社群年代，人人都是影評，都要對電影的好壞說上一句，也要對「他人對電影的評價」說上兩句。

是不是所有批評都是為了要顯得自己高人一等？為什麼有些人會瞧不起看另一種電影的人？這些心態，我們同樣可以用知識性、藝術性、議題性三元素去解讀。

藝術 vs 商業的假議題

先說知識性。在內容大爆炸的現在，人們除了電影還有無數、甚至是「過多」的管道接收資訊，這和百年前農耕社會的情景相反。再加上工作繁忙，無處不是壓力，當一個觀眾宣稱他看電影只是想「得到兩小時放空」，達到休閒娛樂的目的，進而（理直氣壯地）拒絕「難懂」和「花腦筋」的作品時，我們實在無法批評這個人沒有「知識的自覺」。

實際上，也真的很少人會評價電影的「知識含量」。甚至我們可粗略地說：比起劇情片，「紀錄片」更常被想像為吸收新知的來源，而熱愛紀錄片的人相對是小眾，也會形成某種菁英感。但這些菁英沒有不看劇情片，也就不會產生紀錄片跟劇情片的階級張力。

所以第二點，我們談「藝術性」，即電影的美學價值、創新程度、情感層次的多寡等。這也是「電影階級論戰」最常見的核心。名作等身、而且老當益壯的美國電影導演馬丁史柯西斯，就曾在訪談裡語出驚人地形容漫威英雄片「根本不是電影（cinema），充其量只不過是遊樂園（theme parks）罷了」。語畢大眾譁然，但持正反立論者就算要吵，好像也吵不出所以然。這是因為，其實所謂「藝術片 vs 商業片」的對立，根本就是個假議題。

愛看、懂看藝術片的人，常常自認位居較高的藝術階級，或稱作「品味好」。與之相對的商業片則是以票房最大化為目的，不為藝術價值而拍的電影。但其實，「藝術」或是「商業」根本無法一刀切，我甚至認為它們連「一道光譜的兩端」都不算，而是一部片的商業性和藝術性是兩個分開的量值。

一部電影可以故事迷人、情感豐沛，於是擁有強大的商業魅力，同時又有優秀的美學和創新的敘事手法，所以藝術性高。誰說所有商業片都是粗製濫造的故事？誰說所有藝術片都是要挑釁觀眾、而不是擁抱大家？很多藝術片不討喜是因為它在創新、在摸索美學的疆界；也有很多我們現在仰望的經典，在當年可是票房冠軍，就如同莎士比亞的作品是寫給16世紀鄉民在街頭巷尾同歡的。

如同當年傳統戲曲與文化劇之爭，但大力批判歌仔戲的文人們，其實也忍耐不住低調偷看通俗好看的歌仔戲一般，重點是——愛看什麼片，或說想從「看電影」獲得什麼（例如美學啟發或感官震撼），這就是主觀口味的差異，沒有優劣之分。而一個社會有越多人懂看、愛看美學秀異的、創新的電影，或許有助於產業多元性，但我們很難說這對社會的發展，包括經濟、法治、道德、人權等「群體的福祉」，有直接的幫助。

多數時候，上述的階級感或許還是情緒在作祟吧——喜愛藝術片的人，往往相信自己更了解而且「更愛」電影，願意付出時間腦力去親炙它。但看到這些電影相對不賺錢，或自己就是業內或周圍的工作者，很難不心有不甘，甚至生出相對剝奪感。也就容易對商業片生出敵意……

議題性批判的必要

所以來到第三點，才是我認為真正重要的：辨識電影裡的議題。或說價值觀和道德面向。我們很難否認看電影的同時，是在和故事的意識形態打交道：百年前的文協透過電影教授新知、傳播觀念可行，90年前《意志的勝利》宣揚法西斯美學、為納粹做政治宣傳也有效。即使我們知道「戲只是戲」，仍然會或明或暗地，感受到、或覺得排斥、或不知不覺地被其中的價值觀說服。

在當年，這樣的「文以載道」是電影被知識分子看重的功能，而如今的臺灣經歷過威權時代的政治宣傳劇、健康寫實電影的洗禮，對於電影的「教化」意圖多能夠白眼以對了。但這樣的敏感，或許也該再隨著時代調整。

許多人可能記得，今年稍早關於臺片《消失的情人節》和《當男人戀愛時》曾有一番論戰，批評者認為片中的性別呈現有問題，護航者則以「戲劇既然是虛構，就不該承受道德審查，否則殺人、飆車的戲都不用拍了！」作為反駁。問題是「殺人不對」、「飆車危險」都是比常識更基本的社會認知，反之這個社會的性別意識還在幼兒階段，有許多錯誤觀念如果沒被指出來，多數觀眾根本不會察覺。

這才是我認為電影在「休閒娛樂」之外，應該被看待的角度。一百年前它是文化工作者的「工具」，一百年後它不再為特定目的存在了，但是它對社會的影響仍然值得你我關注。從前嘲諷非陽剛男性、對黑人的刻板印象，如今都被公認是錯的，一如過去的臺灣歧視臺語，現在也逐漸修正了，接下來更要關注原住民族的呈現。

當年的文協青年們倡導的是
「民主、自由、反帝制、反封建」，

而這一代的我們要在意的是「性別、
族群、反父權、反數位極權……」[2]
我們不為電影分階級，
不粗暴地貼標籤說「這是好電影」、「那
是壞的／有毒的電影」，
任何電影只要沒有侵害他人的權利，
都應該能被看見，並且受公評。

議題性的批判有其必要，當我們指出哪個情節透露了什麼觀念、可以怎樣改進，才能讓更多人帶著足夠的意識去欣賞它。

2：妙的是，許多現在最用力呼喊前者的人們，卻同時對後者嗤之以鼻。這是什麼樣的心態使然？同樣值得另外成文去探討。

#疫病
#衛生

晴天仝巡查一名巡查補一名在保內施行春季大清潔法各戶打掃十分清潔到相登家彼二名欲食自帶之午飯予自回家午飯午后往相煌家相侍率巡清潔至八九兩甲俱多污穢幾欲告罰云々是日午前十時在巡視途中腰項忽起一毛虎之状

舊三月十五日・新四月廿四日・日曜日

《水竹居主人日記》

1910-04-23

「仝巡查一名、巡查補一名在保內施行春季大清潔法，各戶打掃十分清潔……幾欲告罰云云。」

舊三月初九日　新四月十八日　月曜日

晴天在家鋪浴室之磚午后炳修姻家令清漣邀予往墩有言他述林奇輝之言清漣欲於五月初六日完婚此日禾妥兼欲謝神更覺不良宜再選擇可也因談至日暮乃歸

舊三月初十日　新四月十九日　火曜日

晴天在家將英庆塗浴室又令家棟家大往林俊旧家扛拱脚柱石

舊三月十一日　新四月二十日　水曜日

細雨天全家棟搭龍井上之涼亭午后雨下停工

舊三月十二日　新四月廿一日　木曜日

雨天在家無事午后往墩仝別弟到惶恐灘前作陽臺之会少焉向台之主人持菊花大蓝黄春蝦之二種歸

舊三月十三日　新四月廿二日　金曜日

日記 08

臺灣衛生觀念養成術

文字◉吳亮衡

故事 StoryStudio
專欄作家兼業務經理

國立政治大學台灣史研究所碩士。憑藉對理想世界的執念，遇到對的價值，就會想要拚盡一切維護這種得來不易的浪漫。

1930年5月某日清晨，新竹黃姓一家起了個大早，相當有效率地換上各式裝備，著手進行政府規定的「春季大清掃」活動。只見一家老小忙得不可開交，孩子們拿著抹布將玻璃擦亮，中壯年則奮力地將屋內所有角落的蜘蛛網都掃除殆盡，為求謹慎，甚至連屋頂的枯枝、屋外深井裡的苔垢、門前破損的臺階也不放過。經過了一整天的勞動，全家人早就累壞了，但是看到格外乾淨與整潔的居住空間，心情顯得格外輕鬆爽快，結果警察今天卻沒來檢查這一區……

這一段故事來自於新竹知識分子黃旺成的日記，但對於生活過那個時代的臺灣人而言，這種以兩季為單位的身體勞動，卻是再熟悉不過的集體記憶。

實際上，打從1895年日本殖民統治初期，臺灣總督府就苦於如何將這塊海外殖民地打造成適合居住的空間。待醫療專家、行政官僚甚至軍方代表多重討論後，最終決議以德國的經驗為鏡，除了建置現代化醫療人才的培育以外，課程也利用地方上的甲長、保正（類似今日的里長、鄰長）以及衛生警察，由上而下地進行監控與管制。

然而，強摘的果子終究不會甜。面對強制性極高的執行手段，再加上對殖民政府的信任感尚未建立，全臺各地反抗聲浪從未停歇。於此之中，扮演殖民政府與民眾溝通協調角色的臺籍保正，不時要面對裡外不是人的窘境。像是在臺中葫蘆墩地區（今臺中市豐原區）擔任保正的張麗俊，就曾日記裡無奈地寫到為了不要讓協同巡視的日籍巡查刁難，只得告誡居民清潔時要再加把勁，否則「欲告罰云云」。

破除舊有慣習，自非朝夕之事，但要建立某種價值觀，更是工程浩大之事。

眼見許多成年人對於臺灣總督府的政策心懷不滿，執政當局遂將矛頭指向求學階段的青年學子，企圖透過教育的手段來改善大眾衛生以及防疫等概念。也因此，凡是在1910年代擔任公、小學校教師者，就必須時刻肩負身體檢查表（包含身高、體重、胸圍、視力、聽力、牙齒狀況等）謄寫、教授衛生（飯前洗手、睡前刷牙、隨身帶手帕等）及健康課程（體操、伸展運動）等工項。年輕時曾經任教於新竹公學校的黃旺成，幾乎每半年就會在日記中提起「謄寫身體檢查表（兒童）」一事。

除了學齡兒童的學校教育，一九二〇年代以「助長臺灣文化為目的」的臺灣文化協會，則選擇加入大眾教育的行列中。在這群知識分子的眼中，殖民政府執行衛生政策時的手段固有非難之處，然而若真的要讓島民能夠持久抗戰，普及衛生思想使人人擁有強健的體魄，就有其必要性。

自1921年開始，臺灣文化協會除了辦報寫雜誌之外，更計畫性地於各地推展「衛生講演」，透過白話文式的宣講，向沒有機會接受教育的民眾傳遞政治、文化以及現代衛生觀念。

為吸引更多民眾參與，協會主辦方多半會先行挑選適宜的講師名單，並於講演會之前進行宣傳。像是蔣渭水、石煥長等兼具醫生背景、又具渲染魅力的講者，每每消息一出，就吸引百餘名男女會員湧入。

回顧百年前，臺灣人開始了政治啟蒙，也透過不同管道汲取現代化衛生概念。縱使執行過程對大多數人來說有所摩擦，但卻也慢慢接受、甚至內化「衛生等於健康」的理論，進而成為身體例行的日常慣習。儘管許多衛生以及防疫的概念不再新穎，但直到2021年的今日，Covid-19依舊襲捲全世界，也持續改變著我們的日常生活，更新我們的衛生習慣。倘若黃旺成至今依然健在，想必他肯定是恪守環境衛生、力行防疫守則的好公民吧。

「我們正在找回隱身於貧窮背後的臺灣文化遺失的一角。

臺灣看似並不貧窮，因為貧窮者隱身於社會之中，貧窮在現代社會外顯的樣貌不是匱乏，而是失序，源於匱乏的失序，失序伴隨而來的便是不被理解的汙名。

而疫情的出現帶來兩個相反又相生的影響，讓我們看到汙名背後隱身的力量，疫情讓人與人必須維持一定的距離，也讓人與人之間相較於過往更深刻地緊緊連繫在一起，我們看到在疫情下彼此隔離的過程中，許多無家之人也暴露在自己被感染與感染別人的風險之中，然而面對這樣的風險，這次臺灣社會極少人選擇直觀且低成本的社會排除，而選了較為困難的理解、接納與支持這樣子有愛的選擇，這樣的愛將原本有可能互相傷害的雙方，化為共同防疫的夥伴。

這便是我對於臺灣社會的想像，如同榮格的陰影理論一般，社會如同每個人都會有自己的陰影，陰影是那些自己不理解的自己，貧窮是社會的一道陰影，理解貧窮洗去汙名辨識出自己，便是社會與曾經失去的自我進行整合。

新移民的家庭如何生活，精神疾病者如何與疾病共處，身障者如何去除社會的障礙，無家者如何在街頭彼此連結互助，不同貧窮處境如何應對困境的智慧，我認為這便是臺灣文化多元性的力量，這片土地上的人有愛有理解，便有這樣的力量。」

——人生百味共同發起人，巫彥德

疾病
衛生

提問 08

指揮中心快訊！

你知道百年前就有防疫政策了嗎？

文字◉陳力航——獨立研究者
出身宜蘭醫藥世家，成大歷史系學士、政大台史所碩士，現為獨立研究者，專長為日治時期臺灣史。

自從5月底疫情爆發以來，民眾的心情有如洗三溫暖般，從每日零例，先是暴增到數百例，最後慢慢下降，維持每日一、二十例確診。疫情爆發，也催化了疫苗的研發與購買，而其中政治攻防，也有如連續劇般精彩。

民眾少了通勤，而是全天候面對自己的家人。辦公室主管、同事，或者與你一起參與活動的人們，如今成為螢幕裡的一個個小方格。由此可知，即便是科學昌明的現在，疫情仍然會衝擊我們的生活，更不要說百年多前的日治時期。

當年，如何改善臺灣環境、如何防疫，對臺灣總督府而言可說是迫在眉睫的問題，首先聘請來自英國的衛生工程技術師巴爾登來臺，規劃上下水道，此外也開始實施市街改正，不過這些規劃與政策，多以日本人居住的地區為優先，面對不同流行疾病也有其防疫方式；而非政府組織如臺灣文化協會，也早早就將衛生納入必學新知，以文化運動、從衛生教育，改變臺灣。以下就以鼠疫、虎疫（霍亂）與瘧疾為例，帶大家一起看見疫情之下，百年前後的防疫之戰。

國內疫情通報！今日公布國內新增境外移入案例……

現今國人回國，或者是外國人來臺，必須在機場接受檢疫。每日衛服部也會公布入境確診者。然而，在日治時期，航空不如今日發達，臺灣與外地的交通往來主要依靠船隻。所以，對前來臺灣的船隻進行檢疫，可有效防堵境外傳染病進入臺灣。

以日治初期的鼠疫而言，臺灣總督府防堵鼠疫的方式，不僅止於家戶檢疫、消毒、隔離、捕鼠，也對前來臺灣的船隻進行「海港檢疫」。海港檢疫最初由基隆海港檢疫所負責，其後經多次演變，最後轉由各地方官廳辦理。其過程為船隻要入港之前，必須接受檢疫，取得許可證之後方能入港，若不配合，會被處以罰金。由於鼠疫可能透過往來福建、廣東船隻傳入。因此，海港檢疫就是防堵境外疫情傳入的保護傘，與現今入境臺灣需要檢疫的精神頗有異曲同工之妙。

外出保持社交距離，避免不必要的移動、活動或集會

除了入境臺灣必須接受檢疫外，近來許多遶境活動，也因疫情取消。而隨著臺灣疫苗先後到貨，許多人也先受接種疫苗。以日治時期的霍亂疫情為例。當時的民眾可接受霍亂疫苗注射，仕紳張麗俊在參與地方保甲臨時會議時，得知在臺中西邊海岸地區出現霍亂疫情，在日記中寫到：「恐有往來行人傳染此症，欲預防注射並食物，臺中、豐原今日迎城隍遶境，團體競爭亦被禁止焉。」地方官廳認為，霍亂疫情恐怕會隨著人的移動而擴散，除了預防注射與注意食物之外，臺中與豐原的遶境活動被官方禁止。張麗俊寫日記的時間點是1932年7月18日，在九十多年後的今日社會，何嘗不是如此，迎神城隍遶境被禁止這樣的措施，在本次的疫情中亦有類似的現象。

臺灣總督府直接禁止遶境，有其時代背景因素。然而，若放在今日的時空背景下，政府無法直接禁止大型宗教活動，只得由主管宗教的內政部與宗教團體溝通，請宗教團體暫停活動。舉例來說，大甲鎮瀾宮原定在2020年3月底，舉辦媽祖南下遶境，但也因疫情因素，延續至6月舉辦。每年臺中大甲鎮瀾宮都會舉行大甲媽出巡遶境，大甲媽聖駕從鎮瀾宮出發，先後前往彰化南瑤宮、西螺福興宮、北斗奠安宮、彰化天后宮，如此一趟遶境，為期九天八夜，全程共340公里。然而，媽祖遶境並非單純神轎移動而已，一旁也會跟著無數的信眾，容易形成防疫破口。遶境取消，信眾多少會覺得苦悶，然而，因疫情取消的，也不只有宗教活動。許多大型室內活動，如畢業典禮、演講也都改成視訊、線上演講。公家機關、公司行號紛紛採取分流、在家上班。日常生活模式的改變，也影響人們的心理狀態。以下接著要談的，就是過往與今日，在疫情之下人們的心理狀態。

這個病毒就是這麼狡猾……病毒才是我們共同的敵人？

從疫情爆發以來，每當有確診者在各地出現，往往會引起民眾恐慌，紛紛確認自己是否有與確診者足跡重疊，甚至有個名為「臺灣社交距離」的APP，可以幫民眾確認是否有和確診者接觸。然而，百年前的臺灣不如今日便利，面對傳染病的疫情，當時人們的反應又是如何呢？1926年9月下旬，臺北州海山郡再次爆發虎疫的疫情，居住在中和庄的農夫江文德，某日突然腹瀉，由於腹瀉是虎疫症狀之一，江文德被認定是虎疫的「疑似患者」而遭到隔離，之後也確診罹患虎疫。地方於是對江家大肆消毒。那麼，這則新聞和疫情下人們的心理狀態有何關係呢？由於江文德住處就在新店溪旁，附近人家時常灑汙物入溪中，此處非常接近臺北水道水源之地，因此造成附近民眾大為恐慌。於是臺灣總督府開始詳查江文德傳染路徑，即是今日所說的「疫調」執行，一方面派遣衛生課的松本技師與松下警部前往該地視察。從江文德這個病例，不難聯想武漢肺炎疫情至今，許多確診者曾走過的足跡，往往也引起恐慌，在通訊軟體LINE裡面甚至出現未經證實的假消息不斷傳播。

江文德的例子是民眾被傳染，其實，民眾害怕病菌之外，有時也對臺灣總督府的防疫反感，特別是對第一線防疫警察所作所為有所怨言。1926年

4月，《臺灣新民報》上就出現一篇〈防疫警察是真的了不得〉的報導。

事件發生在嘉義中埔，由於當地爆發腦脊髓膜炎疫情，地方官廳派遣防疫警察駐在該地，以管制該地的行人出入交通，報導中提到：「又再被交通遮斷的老百姓，待遇就像入監獄的囚犯一樣，不順他的意就打罵起來。」「交通遮斷」類似今日的隔離，如某一戶爆發疫情，那麼警察會在外駐守並且管制進出。就防疫的角度來看，似乎頗為合理。但這些日本警察一到地方就開始作威作福，不僅向居民強索柴薪，還要求地方提供日本清酒、肉類，並且調戲地方婦女，使得地方民怨四起。這篇報導也提到，民眾不是不知道防疫的重要性，只是當局的好意，卻因為底下的人執行不利，反而收到反效果。類似的案例，也出現在嘉義車店、山子頂以及新營地方。車店與山子頂的警官以撲滅瘧疾為由，將農民栽培的竹林、果樹砍光，並且集中堆積焚燒，等於農民心血一夕之間化為烏有。

新營郡的警察為防治瘧疾，要民眾掃除各家戶的竹圍，竟然將構成竹圍的刺竹從地面拔起。臺灣民家自從清治時期以來，即有種植刺竹為竹圍，用以防風防盜，如果只是打掃竹圍還算合理，因為竹圍是蚊子的溫床，而將竹圍砍掉，雖然是一勞永逸的方法，但如此就失去防風防盜的效果，對農民的損害不小。然而，新營郡卻命令各派出所的警察派義務性質的保甲工強制去砍掉他人的竹圍。而新營郡下的番社庄派出所，除了派遣保甲工去砍他人竹圍之外，派出所還告訴他們，砍下的竹圍可供私人所有。試想，農民辛苦種的刺竹不僅被砍，還可能成為他人的戰利品。於是番社庄的農民們感到非常恐慌，如果不自己去砍的話，可能就會被其他人砍走。而且保甲工不光只是砍竹圍，也砍走其他的樹木、芭蕉。若以設身處地思考，多少可以體會農民恐慌的心情。不過這不帶表臺灣總督府的防疫政策錯誤，而是實際執行上，往往過於強制、粗糙，以致民怨四起。

日治時期這幾則案例，對身處Covid-19疫情下的我們有什麼啟示呢？首先，我們必須慶幸不是身處在那個時期，從疫情爆發以來，大部分的民眾都很配合戴口罩，即便是少數不配合的民眾，也會受到大眾的叮嚀與壓力。再來是防疫力道的部分，臺灣疫情雖曾嚴峻，但是在全國上下共體時艱之下，疫情逐漸受到控制，相信不久，臺灣就能重回每日確診+0 的狀態。[1] 回想疫情嚴峻的時刻，網路上曾出現許多「臺灣必須全面封城」等危言聳聽的言論，就現在看來，其實沒什麼必要。而日治時期的這幾則報導，已為後世的我們，提供最好的借鏡。

1：此稿寫於 2021 年 7 月 28 日，此時剛剛解除全國第三級防疫警戒降回二級。

臉上的口罩痕跡，是歷史的痕跡

看展覽、參訪博物館，對現代人而言是稀鬆平常的事情，舉例來說，若想要理解日治時文化協會的活動，可前往臺灣新文化運動紀念館，參觀館方精心籌畫的展覽。此外，館方的「文化問診」活動，每個月固定邀請專家學者演講，頗有過去文協講座的遺風。然而，看展覽與聽講座，也是日治時期普及衛生知識的方式之一。整個日治時期，臺灣總督府在全臺各地舉行過多次衛生展覽會，衛生展覽會的展場可能會有新式的保健器材展示，或是傳染病、育兒保健、口腔衛生、寄生蟲相關的掛圖、模型、標本、圖譜等展示品。

除了官方展覽會之外，臺灣文化協會也曾在1924年至1926年間三度舉辦夏季學校，地點在霧峰林家萊園。夏季學校的課程包羅萬象，其中亦有「關於衛生」課程，由彰化陳朔方醫師主講。衛生的課程出現在第二次夏季學校，舉辦時間為1925年7月27日至8月9日。本次參加的人數是歷屆中最多的一次，達83人。除了文協活動外，許多臺灣醫師也會投書報章雜誌，在上面介紹公共衛生的相關知識。

一百年前臺灣經歷的現代化，
進步、改變的不只是硬體設備，
文化知識、生活常識更是
現代化中最重要的核心，

鼠疫、瘧疾、霍亂三種疾病，
雖然在現代臺灣社會
已不曾或較少出現，然而，
疾病始終隨著人類社會而演進。
百年後的臺灣，科技與生活
雖日益便利，但是當疫情爆發，
進而影響現實生活時，
或許回望過去，從歷史洪流中，
往往能發現許多巧合。
臺灣史上曾出現的疾病，
最終都會平息，而每一次的疫情，
我們從中理解、累積了什麼？
或許才是加速臺灣社會改變的契機。

「午后維吾來，與圖共三人在談野球等，
忽有楊景山伴一新及格司法科試驗之林桂端來訪，
談起民報社於一月二日人事大移動等情，冒雨原車回何塗家去。」

氣候 雨 寒暖 六五

7.5 豫 記 10.

楊景山來訪

午后綠吾來，與團其二人在談野球會，忽有楊景山伴一新及格司法科試驗之林桂端來訪，談起民報社於一月二日入了夫後，就等待君為厚東同何深至家去

日記 09

兒子眼中的現代爸爸

文字◉曾士榮

國立政治大學
台灣文學研究所副教授

牛津大學聖安東尼學院博士，研究領域：近代日記、心態史與國族主義；學術專書：*From Honto Jin to Bensheng Ren: The Origin and Development of Taiwanese National Consciousness* (2009)，《近代心智與日常臺灣：法律人黃繼圖日記中的私與公》(2013)，《臺灣社會心態的微觀研究》(2021)。

一九二〇年代臺灣政治文化運動中，中產階級出身的黃旺成是個具代表性的人物之一。當時黃旺成是個臺灣文化協會演講員、臺灣民眾黨創黨委員，以及《臺灣民報》的記者；同時，他也是長年書寫日記，留下戰前戰後計49冊日記的作者。黃旺成的兒子黃繼圖是位律師，他在專業之外也如同父親般留下數十年的日記本（共37冊）。父子倆人為20世紀臺灣留下豐富的個人日記史料，提供後人得以從日常且私密的獨特視角看待20世紀的臺灣歷史。

而其中主要是20世紀兩度移入政權的交替統治，導致臺灣社會中的世代問題長期成為顯著現象。黃繼圖的日記書寫，提供年輕世代臺灣人看待他們父輩世代（包括黃旺成及其他文協成員）的重要素材。

黃繼圖日記中如何看待父親黃旺成？黃繼圖自幼年以來，對於個性嚴肅規律的父親一直抱持敬重信服的態度。父子之間的互動，除了日常家居相處外，只要一方離家在外工作或求學，雙方必定透過書信保持聯繫。黃繼圖就讀臺北高校期間（1930 - 1933），父親的關注成為他追求學業傑出表現的背後動力，父親當時在臺灣政社運動中的地位也趨使他不斷努力前進。受父親的影響，黃繼圖經常提醒自己在學風自由的臺北高校校園過著較為節制自律的生活，並在心中立下「通過東京帝大法科並取得高等文官考試合格」的人生目標，因為這是成為「立於本島人之上的領導人物」的主要途徑。黃繼圖期許自己成為本島人的領導人物，其背後的動力固然與臺北高校作為本島精英搖籃的學校傳統相關，但或許更是父親在臺灣政社運動中進步形象的直接投射。當時的父親形象，可從黃繼圖日記描述全家同遊臺北圓山動物園的文字看出：

「圓山動物園內與父親會合，父親獨自前行，母親隨之……父親嚴肅，將兒置於自己之下看待，母親則完全是個上一世紀的人……」

黃繼圖日記文字中呈現出父親作為思想啟蒙者、高不可攀的形象，而母親的落伍保守正足以反襯父親走在時代前端的現代形象。

然而，自從1932年7月16日，黃繼圖私自打開父親的「祕密箱」之後，他對父親的另一面向的形象理解也開始浮現。當時就讀臺北高校的黃繼圖因暑假待在新竹家中，當日他因內心的「一時衝動」，趁父親外出時開始在家中的房間內「如同狗兒般地搜尋秘密箱」；事後，他在當日的日記中留下以下耐人尋味的文字：

「裡面的生活，任誰也都有的事，因此而有了責備是不適當的，但任它繼續下去以至於到了不可挽回的狀態，則更加不好；一直以來，我只會覺得遺憾，但這次則感受非常強烈。父親與李氏淑［招］治，戀愛至上主義，來世想成為夫婦，彼此相愛……有人說辛苦的戀愛感覺更甜，世間有各形各色的人，為了自己得到幸福而犧牲他人的幸福的話，是無可奈何的吧！」

這個私藏「祕密箱」，正是父親黃旺成藏放20冊私人日記的箱子，而黃繼圖當日卻是第一次因好奇而偷窺父親日記，並證實家庭中的大祕密，也就是1929年以來父親與助產士李招治之間的外遇戀情。有趣的是，當時黃繼圖並不知道父親早在一年前便已開始私自檢閱他的日記，並在往後持續的窺看日記中得知兒子已經知道自己的外遇戀情。

雖然，黃繼圖偷窺父親日記當時，對於父親外遇其實帶有同情的理解，但經往後的日子積累，父親基於「戀愛至上主義」的外遇事實卻偶爾成為雙方緊張關係的隱性因素。

到了1932年8月間，黃旺成與《臺灣新民報》之間因意識型態與政治立場的矛盾，決定辭去報社職務，此一事件也直接衝擊黃旺成父子之間的關係。然而，在黃旺成與報社之間展開的辭職交涉過程中，作為兒子的黃繼圖充分被父親告知，也獲父親允許一同參加支持者為黃旺成辭職舉辦的全島性茶話會；雖然黃繼圖一開始對父親因考量自身名譽而辭職的作法有所抱怨，認為將陷全家經濟於困境，並造成自身學費無著落，但整個事件過程中黃旺成主動與兒子懇談自身工作上的困境，在父子對話進行中甚至眼眶通紅，這裡看不到傳統父親在兒子面前威權自持的疏離心態。

可以說，黃旺成父子環繞在辭職事件的互動情節，鮮明呈現一種朝向重視雙向溝通與理解的父子互動方式，父子之間在情感聯繫上明顯增強，並逐漸遠離傳統疏離的威權式父子關係。至於孕育此一新式的父子關係的心態環境，正是臺灣在一九二〇年代經歷政治文化啟蒙運動洗禮所累積的結果，也就是當時臺灣社會中已經出現一股體現現代心智的情感個人主義擴散的新趨向。

10X10 特別企劃：什麼是——眼中的臺灣文化？

「一百年來，臺灣文化人最深的焦慮之一，就是成為別人的附屬。日治時期，焦慮成為日本的『外地文學』；戒嚴時代，焦慮成為中國的『邊疆文學』。然而，到了文協成立百週年的現在，這種焦慮已經幾乎不存在了。臺灣就是臺灣，是一個小小的，卻小得很有自己樣子的地方。當我們不去預設『臺灣文學是什麼』，而只是轉頭寫自己覺得有意思、自己覺得重要的題材，『臺灣文學』就在『自己覺得』裡面浮現了。所以，有人去寫臺灣妖怪，有人去寫鄉土故事，有人去寫日治百合，有人去寫性別階級。這些看似沒有交集的文學，其共同的交集，就是『自己』。如果2121年的文學史家看到這段文字，也許會同意：這段時期的文學史，就是『臺灣文學終於找到自己』的開端吧。」

——作家，朱宥勳

提問 09

這段歷史，跟我有關係嗎？

蔣朝根 X 林承俊

文字◉陳冠帆——獨立撰稿人　牛罵頭拍瀑拉後人。臺藝大應用媒體藝術所碩士，跨足文化、藝術、設計、行銷等領域。視傳承臺灣故事給下一代為重要使命，女兒兩歲已知謝文達開飛機，對這件事很自豪。

蔣朝根　蔣渭水文化基金會執行長，蔣渭水之孫。

林承俊　明台高中副校長，林獻堂之曾孫。

Q：請問兩位先生是在哪一個生命階段、什麼樣的情境下，認知到家族前人與這段歷史呢？

蔣：我的成長過程處於戒嚴時期，家裡是不會提到阿公的名字，在外面更像是刻意抹去這個名字。從二二八到白色恐怖，很多民眾黨員被視為特別看管的對象，眷屬對資料或照片是能藏就藏、能塗抹就塗抹。蔣家也有政治受難者，大家都會怕，不敢留下東西，所以資料就到處散落或佚失了，那個年代的事情，很長一段時間我們都不了解。

到了一九七〇年代，黃煌雄出版《臺灣的先知先覺者：蔣渭水先生》，我才瞭解到阿公做了這麼多事情。同時間，葉榮鐘也有著作《臺灣民族運動史》[1]，我才開始有系統地瞭解這段歷史。

林：小時候，長輩會講家族在日本時代的豐功偉業，當時還是思想審查的年代，在外面是聽不到這些故事的，只是依稀覺得我們家有點了不起。

開始有自覺是到國中時期，歷史課本有寥寥一兩句：臺灣人抗日歷史，內容提到了林獻堂，我當時才意識到：唉唷，我阿祖原來是能夠寫在教科書上的大人物。

開始主動參加學術或文化活動後，在活動裡認識很多文協前輩的後代，會聽到很多生活上的小故事。像是以前聽伯父林博正說過，阿祖為了去拜訪太平吳家，途中遇到美軍空襲，阿祖當時還摔了一跤。

後來我參加一個學術活動，剛好有人也聊起阿祖的好朋友，因緣巧合就把這個故事接下去了，原來當天阿祖去太平，是到吳子瑜[2]家吃荔枝。後來我就漸漸知道很多人比我還了解我的家族，我也得以藉由這樣的方式，慢慢地拼湊故事，慢慢將對阿祖的認知串聯起來。

Q：在尋找臺灣文化協會或臺灣民眾黨這段歷史，對您的生命歷程而言，有什麼樣的影響嗎？

蔣：為了找回失落的家族記憶，我投入蒐集和典藏史料文獻的工作裡，一點一滴拼湊渭水先生的生活和思想。剛開始是請教莊永明老師[3]，接著找古書店、光華商場、跳蚤市場，只要有相關主題的展覽，我就會跑去看。

收集過程最艱辛、印象最深刻的是大眾葬[4]紀錄影片。1931年蔣渭水過世，出殯時有五千多人為他送行，當時的葬儀規格已經有舉世同哀的國葬意涵，但是這段歷史被掩埋了很長一段時間。到2003年，我才聽說，

1：葉榮鐘民國五〇年代後期著作《臺灣近代民族運動史》，該書刊載作者群為：葉榮鐘、吳三連、蔡培火、林柏壽、陳逢源合撰，實際由他執筆，最初以《日據時期臺灣政治社會運動史》在《自立晚報》上連載，民國60年，自立晚報社刊出單行本，改名為《臺灣民族運動史》。 2：日治時期以漢文寫作的臺灣詩人。 3：臺灣重要文史專家。 4：全名為「故蔣渭水氏之臺灣大眾葬葬儀」，為1931年8月23日蔣渭水的葬禮。

萬華有位收藏家擁有大眾葬紀錄片，我與對方交涉很多次，第一次是請莊永明老師和臺北市文化局的專員謝英從一起去看影片，但是當時藏家開出天價，加上文化局局長人事變動，就不了了之。但是我不放棄，持續跟藏家溝通，最後由我們家族努力湊錢，終於買了下來，但這膠捲也有七十餘年的歷史，已經發霉和斷裂，需要影格重建的專業處理。當時的臺北市文化局長廖咸浩也肯定這個紀錄片的價值，希望能由政府購得收藏；我們與市府協商，第一是要專業修復，第二是要公開於世，才以原價轉售給政府。文化局後來不只是公開，還製作多種語言的 DVD 光碟版發行，國內外人士都震懾於這段非武裝反殖民運動轟轟烈烈的歷史，蔣渭水先生的相關研究也成為一種顯學。

但是這部紀錄片的交涉過程有許多不為人道的辛酸，蔣家後代也曾遭誤解、被質疑，在這之後我們成立了基金會，不只是推廣蔣渭水先生的理念，也是推廣那個時代所有先覺者的志業。

林：觸動自己最深的一次，是前往日本找尋阿祖最後的行跡。林獻堂晚年為躲避紛亂世局選擇滯留日本，其中有一個夏天住在大仁別莊，而他多年的好友葉榮鐘也專程來這裡拜訪他。

慶幸的是，現在大仁別莊仍保留半世紀前的樣貌，後院的大片竹林仍在。我在那裡待了好一段時間，在庭院裡看到一些雞，想起阿祖 1952 年的日記裡提到他剛搬到這裡時，別莊的院子大蜈蚣多，於是祕書林瑞池就買了幾隻雞來捕捉蜈蚣，後來葉榮鐘來的時候又多買了幾隻準備加菜。這段時間阿祖的日記和葉榮鐘的文章裡，不約而同地提到從別莊眺望富士山頭白雪皚皚的情景，剛好我去的時候，天氣轉熱，但富士山頭還有一些積雪。我眼前的場景，與久別重逢的場景相映照，有很多相同的地方，我當時很感動。

很多阿祖或是文化協會年代的故事，我是聽他人轉述，也有一些是從文獻裡看到，但自己去接觸時，特別地有感覺，雖然跟阿祖沒見過面，卻好像跟阿祖很親近。

Q：距離這段歷史約百年時間，請問您認為，當代臺灣人需要了解這段歷史嗎？為什麼需要了解這段歷史呢？

蔣：今天臺灣政治是開放的、民主的，甚至英國學者還評比我們的民主指數是亞洲之首。但是，這樣的民主和自由，不是憑空就有的。

一百年前，為了讓臺灣人做自己的主人，一群先驅向日本帝國議會爭取在臺灣設置自治議會，歷經了 14 年的奮鬥才開花結果。

臺灣新文化運動相當地偉大，汲取各

文協百年

全島大串連

1 霧峰林家花園林獻堂博物館於 2000 年成立，並於 2019 年擴大為霧峰林家花園林獻堂博物館園區，為臺灣第一座私人博物館，現為國定古蹟。館內有林獻堂手寫日記原件、私人書信等書墨藏品，亦有諸多文人雅士之活動照片、資料與文物，以增添當代人民對過往臺灣史的認識。

個國家最先進的思想：像是日本明治維新的憲政改革精神，以及廣求知識於世界；同時也有歐洲文藝復興哲思在裡面，包含臺灣人要有思想和理性思考；也有中國五四運動的精髓，用白話文的方式來做理念傳播；還引進了歐洲戲劇手法，以戲劇的方式為民眾啟蒙。文協成員思想很多元豐富，樂為世界人。現在臺灣人須借鏡，不要以小島格局看待自己，用意識形態束縛所有公共議題。

當時蔣渭水提出的「同胞須團結，團結真有力」的呼籲，這個口號不只在當時感動人心，也是當代臺灣人在思考出路時，最應該重新省思的口號，有時代傳承的意義。

認同這塊土地的歷史，
人才能找到自己的根， 定著下來，
而不是像隨風飛來飛去的沙子。
歷史， 是國家的傳記，
文化的根 ； 年輕人從歷史裡面
可以找到社會運動家無私的精神，
汲取很多的養分。

林：一百年前，臺灣文化協會內部政治路線發生紛歧，最後分裂；但是到了臺灣議會請願運動時，大家仍是分頭積極募集請願書的簽名，集結後交給林獻堂這些前輩去東京代表請願。

即使政治立場不完全相同，大家仍以臺灣人的權利為最終目標，保持一定程度的合作，這種無私的精神讓我很感動。

林獻堂曾多次跟後輩勸戒，以前團結跟總督府對抗都贏不了，更何況分成這麼多小團體，你們不合作是無法成大事的。他的意念就是，共同目標既然是一致的，應該各自退讓一步，以大局為重。

現在的臺灣社會，
很容易陷入意識形態的爭執，
如果大家能試著敞開心胸，
去深入了解這塊土地的歷史，
接觸在這塊土地上生活的人們，
不管族群、不論政黨，就會發現
很多爭議是來自於對彼此生長背景的
不了解。所以這段歷史的意義，
很大是來自這些運動背後的
堅持和無私精神，值得我們學習。

Q：身為重要民權運動者的後代，以及身為臺灣人，您對己身有什麼樣的抱負或是理念嗎？

蔣：我今年已經 70 歲了，希望盡全力繼續蒐集文獻史料；在蒐集過程裡，也遇到很多貴人，像是民眾黨大甲支部主幹杜香國的外孫吳子昌先生，帶著一批從來沒公開過的史料找我們，後來我們將這批資料與溫文卿先生典藏的杜香國史料合輯成專書[5]，吳先生也相當滿意成果。這個就是大家一起努力，越來越豐碩的成果，可以讓下一代去進行各種轉譯，以戲劇、音樂或文學，不同創作方式

5：《從大甲支部看臺灣民眾黨：杜香國史料藏品彙編》，2019 年蔣渭水文化基金會出版。

來傳播。

今年是臺灣文化協會成立一百週年，我很期待能號召臺灣文化協會與臺灣民眾黨先覺者後人，回到臺灣新文化運動紀念館，也許有機會讓其他支部的史料陸續出土，讓這個時代的拼圖更加完整。ꝏ[2]

林：那個時代的先覺們，一切以大局為重，因為他們有一致的目標，不會為了不必要的事情吵架。

我是希望盡可能把那個時代的故事，以比較沒有特定立場的方式講給大家聽。更希望能像地毯式轟炸一樣，透過導覽、展覽和專書，反覆地述說這些故事，說到每個人都聽過，普遍性地傳揚，才有機會把那個時代的精神傳承下去。ꝏ[3]

文協百年

全島大串連

2《熱血青春——蔣渭水紀念文集》《會藏臺灣新文化運動史料彙編》《臺灣維新——蔣渭水》

財團法人蔣渭水文化基金會

財團法人蔣渭水文化基金會繼承並延續蔣渭水之精神，預計於文協百年出版《熱血青春——蔣渭水紀念文集》、《會藏臺灣新文化運動史料彙編》等專書，並製作發行《臺灣維新——蔣渭水》動畫紀錄片。

3《進步時代——臺中文協百年的美術力》

國立臺灣美術館

國立臺灣美術館《進步時代——臺中文協百年的美術力》以臺中文協成員與臺灣美術家之交流為展覽主軸。林獻堂、楊肇嘉、蔡培火、賴和等地方仕紳、知識分子作為美術家贊助者，支持臺灣新美術的發展，在臺灣的美術史上功不可沒。以此角度切入，展覽不僅有美術家之相關藏品，也展出林獻堂手寫本日記等原件。

三月二十七日　庚戌　金曜

天氣 日曇風　寒暖 六一

起床 7、　就寢 9、

台湾民報本日送到 費了兩点来鐘
把牠看完 有兩句可以記的是「正義
不死、真理不滅」這是現在的主義的
的金科玉律 換句話說就是生命
可以犧牲的主義是断々不可更改的
吃过中飯 用平常的衣服現了台
湾人本来的面目 到図書館看報紙
看了經世新報極力攻擊文化協會
說是带着赤色煽動的資料 争議 我
說這是向正義而行的 什麼赤不赤呢
回家聽見樗君又作衛我 我未因不
在就去了 我就再同河海鳴親近了

春の雁御陵の松を掠く日かな

「『正義不死，真理不滅』這是現在的主義者的金科玉律。」

《黃旺成先生日記》

1925-03-27

日記 10

一百年前，身為一個臺灣人

文字◉曾士榮

國立政治大學
台灣文學研究所副教授

牛津大學聖安東尼學院博士，研究領域：近代日記、心態史與國族主義；學術專書：*From Honto Jin to Bensheng Ren: The Origin and Development of Taiwanese National Consciousness* (2009)，《近代心智與日常臺灣：法律人黃繼圖日記中的私與公》(2013)，《臺灣社會心態的微觀研究》(2021)。

臺灣身為位於世界最大陸地（歐亞大陸）與最大海洋（太平洋）之間的島嶼，在近現代史上，其地緣政治重要性足以影響帝國的興衰（例如大清帝國、戰前日本帝國與戰後美國）；同時，近現代世界思潮也曾經深刻影響臺灣島上的住民，特別是日治時期的一九二〇年代期間。

一九二〇年代臺灣社會同時受到民族自決與社會主義思潮的影響，而開展出政治社會文化運動；國際的民族自決思潮經林呈祿等自治主義派留日學生先行引入臺灣，並於1921年分別從政治面向開展出臺灣議會設置請願運動，以及從文化面向開展出臺灣文化協會，這股壯闊的自治主義思潮主導了一九二〇年代前半期的臺灣政治文化運動；相對的，社會主義思潮則稍晚進入臺灣，並在一九二〇年代後半期快速成為運動的主導力量。

黃旺成作為一九二〇年代中後期的政治文化運動參與者，他的私人日記（1912 － 1973）見證個人如何經歷當時發生的重大歷史事件，以及個人置身歷史事件複雜情境中如何進行選擇。

在這裡我們首先想問的是，新竹公學校教師出身的黃旺成，在辭退教職後如何在殖民體制與臺灣文化協會之間進行選擇，而後成為致力於思想文化啟蒙的行動家？其次，在一九二〇年代中後期的政治文化運動脈絡中，黃旺成又如何在代表馬列主義與資本主義的左右翼運動勢力之間，進行思想與行動的自我定位與抉擇？

黃旺成辭去新竹教職後，於1920年至1925年間，在臺中仕紳蔡蓮舫家擔任財務管理與家庭教師工作，在臺中期間，他受到以霧峰林家及蔡蓮舫家族為中心的朋友圈的影響，以及1923年治警事件的衝擊，加上大量閱讀啟蒙讀物，這些因素重塑了黃旺成的思想世界，使他成為一位反殖民並具有國族意識的臺灣人，同時他的思想框架中也延續漢族意識以及對社會主義思想漸增的興趣，這是他在1925 年3月辭去臺中工作後回到新竹時的思想狀態。

但是，回到新竹的黃旺成當時並未馬上加入反殖民的臺灣文化協會陣營；因為，接下來的九個月期間，他在殖民體制公部門與反殖民體制的文化協會這兩個對立陣營之間，經歷一次相當艱難的個人生涯選擇，最後於1925年年底決定投入林獻堂主導的臺灣文化協會陣營。在這個個人抉擇的過程中，包括殖民地方政府、親官方的新竹青年會以及反殖民的臺灣文化協會等三股勢力，皆曾積極拉攏黃旺成，而黃旺成也曾在日本郡守及新竹友人建議下一度決定到「郡役所就職」，準備進入殖民地方政府擔任公職（10月19日）；然而，之後的戲劇性發展是，文化協會分別派出蔡式穀與蔡培火等友人「極力勸予就文協本部講演團新竹駐在員」（10月29日；11月4日），加上數日之前（10月26日）彰化二林爆發蔗農抗爭事件，瞬間升高殖民體制與反體制之間的緊張關係，也正是這個社會氛圍觸動了黃旺成思想世界中的核心信念（包括反殖民的臺灣人意識以及同情弱者的社會主義思維），認為臺灣文化協會才是真正體現「正義不死，真理不滅」理念的陣營，因此最後做出加入文化協會陣營的個人選擇。

黃旺成往後在文協陣營中，成為臺灣政治文化運動的積極行動者，但隨著1927年文協內部的左右分裂，因之創立的臺灣民眾黨卻在1928年納入工友聯盟後轉趨左傾的發展，乃至於到了1931年初，臺灣民眾黨在蔣渭水主導下通過無產階級黨綱而遭到殖民政府的解散；在上述持續數年的歷史過程中，黃旺成經常處於左右意識形態的緊張對立之中。若以民眾黨的綱領修改事件為例，可清楚看到黃旺成在左右對立中的個人選擇；1931年2月8日，民眾黨先召開中執會討論蔣渭水主導的綱領修改案，但黃旺成反對將原黨綱的全民運動精神修改為無產階級屬性，在日記中他描述當日開會情形：「午后續開，為綱領修改問題予大苦戰。晚六時頃，採決多數，棄權而外以十二對十六，予案不通過。」十日之後（2月18日），民眾黨召開全島黨員大會討論黨綱修改案，黃旺成當日日記寫道：「……對綱領改修試案，予述一場意見，與盧丙丁相反對。大勢已定，予乃聲明退席。」當日稍後，在蔣渭水與盧丙丁等多數成員支持下該黨綱修改案獲得大會通過，但日本殖民當局隨即在當日晚間，依據《治安維持法》禁止臺灣民眾黨的結社。

黃旺成體現清晰的臺灣人意識，也是個社會主義理念的同情者，當他面臨不同階段左右意識形態的緊張對立時，傾向選擇堅持較為溫和包容的、基於全民主義原則的政治路線。雖然，黃旺成全民主義路線的個人選擇，在當時殖民地臺灣很快被淹沒於日本帝國法西斯主義對外擴張的歷史洪流之中，但對於今日已經成為國際民主大家庭一分子的臺灣而言，他當時的個人選擇卻是一段特別值得闡揚的過去。

同樣重要的是，學界多數認為臺灣國族主義開始出現於一九二〇年代，而黃旺成在一九二〇年代（一百年前）即體現清晰的臺灣人意識，此一基於尊重個人意願、帶著「反抗強權」性格的臺灣人意識，正是支撐臺灣國族主義的基礎。

10X10特別企劃：什麼是——眼中的臺灣文化？

「我們現在所穿戴的『臺灣體制』，是由 1979 年的「中（華民國）美斷交」事件與其後的《臺灣關係法》所鑄就的。這個體制，是我們過去參與全球化的一張臨時身分證，它充滿了曖昧與不確定性，就像臺灣群島深處的版塊一般，不停地受到擠壓，充滿了不安與躁動的氣息。在過去兩年之間，這體制開始發生了結構性的變化，臺灣在國際上的名牌，似乎也到了汰舊換新的時刻。

在此時，真心接受曾經身為中華民國代表的自己，追索作為日本國國民、清朝臣民的前世，並以同樣的誠意看見他人的歷史、認同與故事，是臺灣參與世界最好的姿勢與角度，也能凝結出最好的臺灣文化。」

——端傳媒台灣組主編，何欣潔

提問 10

一百年後，身為一個臺灣人

人跡罕至之處——連溫卿與史明的人性追尋之路

文字◉吳叡人
——中央研究院臺灣史研究所副研究員

國立臺灣大學政治學系畢業，芝加哥大學政治學博士，曾為日本早稻田大學政治經濟學部客座副教授；研究專長為比較政治學、政治理論、亞洲民族主義研究、臺灣政治史、臺灣政治思想史、日本近現代政治史、日本近現代政治思想史。長期投入臺灣社會運動，幾乎無役不與。

「眾神說，人應試探
一切，應為得到滋養強壯而
感激一切，並理解他有
啟程八方的自由。」
——Hölderlin，〈生命的過程〉

一、夢的起點

蔣渭水曾說，臺灣人的運動是要追求「臺灣人的人格」的運動。這應該是對百年來臺灣人追求自主獨立的運動最適切的哲學詮釋，因為它點出了臺灣人持續不懈追求民主自決，其最終目標無非就是想要活得像一個人。

什麼叫「活得像一個人」？這句話意味著我們不只是做為一個生物上的人而活著，而是要超越純生物層次，做一個有自由意志，不受外部宰制，自己決定自己命運的主體。這種自我決定、自律的個人，其自身就是目的，而非成就他人目的的手段或工具，因此是一種道德的主體。相反的，沒有自由意志，完全受他人或外部力量決定（例如外來的殖民統治或獨裁統治），並且只能作為成就他人的工具而存在的（如殖民地或獨裁統治下的人民），在道德上就「活得不像一個人」，只是一個「物件」（Sache），或者受生物慾望驅動的自然人而已。他們只是被支配的客體，而非自我決定的主體。

人作為自決的道德主體，是現代性的核心概念，一百年前的臺灣民族運動者對「人格」的追求正是一種道德現代性的追求，他們期望臺灣人成為符合現代道德尺度（自主、自律）的個人。這個觀念源於康德的道德哲學，戰前第一代臺灣民族運動者透過日本大正期的新康德主義哲學（人格主義和文化主義）吸收了這個觀念，成為反殖民運動（自覺或不自覺）的哲學基礎。蔣渭水與陳逢源等人反覆致意的「人格」一詞，就是日本明治期哲學家井上哲次郎對康德哲學用語 Person 的日譯語。

事實上，和同時期（一次大戰後）在全球出現的其他反殖民民族運動一樣，日治時期臺灣民族運動所追求的「自決」願景之中，集體自決與個體自決是互為表裡的。它的視野融合了威爾遜主義與康德主義兩種自決原則，同時追求臺灣人的集體與個體，以及政治與道德的自決。

哲學上，康德的個人道德自決原則是否可以直接應用在民族自決之上，至今仍有爭議，但在政治實踐上，兩者早已被民族主義者混用並且產生了視野的深刻交融。臺灣民族運動游移在政治與道德，群體與個人之間的訴求，就是一個典型的案例。這種視野的交融或許缺乏哲學論理的一貫性（coherence），但卻充分表達了民族主義者在實踐層次上，對於集體與個體，政治與道德自決的雙重渴求。

民族主義者不是專業的思考者，而是

務實的行動者，然而他們具有想像力的實踐行動經過歷史積累之後，已經回過頭來形塑了哲學。對民族主義有深入反思的幾位當代政治哲學家如 Margaret Canovan、David Miller 和 Yael Tamir 等人已經先後指出集體自決是個體自決的前提：民族自決（以及所創造的民族身分 [nationhood]）創造個人自決的政治條件（主權或自治權）。用「人格」哲學的語言來說，集體自決透過創造臺灣人的政治人格（民族、主權與公民身分），確立了個別臺灣人道德人格得以充分發展的制度條件。當代哲學對民族主義的再思考，其實只是印證了 Hannah Arendt 半世紀前思考猶太人命運時，以共和主義語言道出的洞見：喪失了公民資格，也就喪失了做人的資格，但公民身分又必須附著於群體的主權地位之上；一個自我決定的群體，才能培育自我決定的個人。

讓我們回到臺灣民族運動的新康德主義理想。在這批素人哲學家的願景之中，創造臺灣人的（政治與道德的）人格是運動的目標，「文化」則是「引導」處於蒙昧與殖民宰制下的臺灣人「向上」，以達成此一目標最重要的手段。此處的「文化」，指的是現代主體價值的啟蒙、教育與教養。但文化同時也被理解為人格完成的結果，也就是做為道德主體的人自由創造、自由發展的一切成果總和。換句話說，民族運動經由文化啟蒙民眾，而受啟蒙的民眾則創造出屬於民族自身的文化。在此過程中，個人與民族主體相互建構，共同形成。因此，民族運動必然既是政治運動，也是文化運動。這個源於日本新康德主義所提倡的「文化主義」的政治觀，就是文化協會成立之初的論述基礎。

在這個文化主義政治觀的指導下，日治時期臺灣民族運動從創立初期，就分為兩個戰線，彼此密切關聯，相互支援：文化戰線（臺灣青年雜誌、文化協會）與政治戰線（議會設置請願運動）。運動者們分從政治與文化角度，追求臺灣人的政治與道德的人格。所謂「文協百年」，不只是文協創立百年紀念而已，而是臺灣民族主義誕生百年，也就是臺灣人開始有意識地追求成就自身的人格，追求能「活得像一個人」而奮鬥的一百週年。

二、路的分歧

然而所謂「成為一個人」，終究不會只是一個哲學命題與願景，而必須是一個具有明確經驗內涵的政治目標和行動計畫（project）。那麼具體而言，使臺灣人成為人，成為道德與政治的主體，到底意味著我們必須達成什麼現實條件？使臺灣人得以脫離蒙昧與奴隸狀態，成為一個人的「人間的條件」是什麼？

如同前述，哲學家已經為我們提示了成為人的政治條件，也就是使我們不受外部宰制，得以自我決定的主權 /

自治權與公民權，以及文化條件，也就是獲得啟蒙，不受無知宰制。除此之外，在現代情境下要活得像一個人，至少還需要社會的條件，也就是不受各種身分制（封建、人種、性別、族群等身分等級體制）的宰制，以及經濟的條件，也就是不受金錢（資本）宰制。蔣渭水在1927年文協分裂之後所成立的解放協會（臺灣民眾黨的前身）的綱領，清楚地總結了臺灣人**「人間的條件」**的內涵：

「期待實現臺灣人全體的政治、經濟與社會的解放。」

然而這個「民族解放 / 人格完成」的計畫之中包含了多重目標，因此不可避免會衍生出不同思路和實踐路線：哪個目標優先？怎麼做？誰來主導？日治時期臺灣民族運動在初期建立了「臺灣主體」的民族共識，但在運動發展過程中逐漸分化出左、右兩個大方向。一般而言，左翼重視平等，主張下層階級主導運動，右翼則重視自由，主張資產階級的領導。二次戰後在劇烈變化的東北亞地緣政治條件下（強制性領土轉移、中國內戰與冷戰），臺灣人追求解放的運動在左右之外，又多出了「統獨」分歧的向度，特別是戰後左翼運動幾乎全面倒向中共，不只使臺灣人運動的民族共識隨之崩解，連整個戰前運動對臺灣人「人格」與道德主體性所發展出來的一點謙遜想像，也幾乎完全被來自大陸的新宗主國那個巨大、陌生、憤怒而暴烈的民族主體所吞噬。

三、人跡罕至之處

臺灣戰前、戰後的左翼運動反映了時代與臺灣邊陲性的特徵，高度附庸於國際社會主義運動核心地區（蘇聯、日本、中國），因此不只運動自主性受到很大的限制，而且「他力本願」（期待外力來解放臺灣）色彩極強。戰前的臺共（從屬日共——第三國際）、戰後初期的臺共（投靠中共），以及更後期的統一左派皆是如此。無政府主義運動本質雖然較為自主，但除了在文學、演劇領域之外，影響力甚為薄弱。

儘管如此，百年臺灣史上還是出現了少數堅持自主思考，試圖突破臺灣的邊陲與從屬宿命的左翼運動者，例如戰前的連溫卿，以及戰後的史明。他們兩人都算是臺灣左翼傳統中的非主流與異端，但他們依然發揮了巨大的影響力，在歷史留下了深深的刻痕。

人類、民族與階級之間——連溫卿

在臺灣左翼傳統中，連溫卿是一個非常奇特的人 物。他只有公學校畢業，卻自力鑽研世界語與社會科學，成為臺灣最初的世界語主義者，創辦了本土世界語雜誌《綠蔭》（*La Verda Ombro*），在世界語圈享有國際性聲望。他信仰世界語的無國界「人類人主義」（Homaranismo），但他也參與創立臺灣文化協會，支持臺灣民族自決與議會設置請願運動，是初期臺灣民族主義統一戰線的要角。他不只是第一代的臺灣民族主義者，同時也是臺灣第一個馬克思主義者，以及臺灣初期社會主義時期（1928-29年臺共返臺主導社運前的左翼運動）的左翼思想和運動領航人。讓這幅圖像更複雜的是，他雖然是臺灣最早的馬克思主義者，但卻拒絕接受第三國際和共產黨領導（一九二〇年代以後國際社會主義運動主流），堅持走一條非共的本土自主左翼路線。

他在二〇年代臺灣新興的左翼「無產青年」群中享有威望，曾協助他們全島串連組織化，最終帶領無產青年群奪取文協領導權。掌握新文協後，他引進山川均的合法馬克思主義路線，促使文協議決支持勞農黨，寄望利用日本普選實施以後打開的政治空間，發展合法的左翼運動。這條路線主導了新文協初期（1927-28年）的發展方向。在這段期間，他甚至兩度籌組左翼的臺灣總工會，與蔣渭水民眾黨的右翼臺灣工友總聯盟分庭抗禮，在臺灣社運的影響力達到頂峰。

曾經如此不可一世的左翼先驅，卻在1929年臺共開始積極滲透臺灣社運後，被迅速邊緣化，最終甚至被他親手打造的新文協除名，被迫完全退出運動。失去了社運戰場之後，他轉移到文化與思想戰場，參與民俗學運動，繼續發展其獨自的本土左翼理論，撰寫臺灣民族發展史與政治運動史，成為臺灣本土左翼史觀開創者。

連溫卿特異的生命軌跡，反映了一九二〇年代殖民地臺灣民族運動的特徵：（1）人類、民族與階級解放三重視野的交纏並存，以及（2）本土左翼運動從初期自主運動向第三國際指導下國際共產主義運動過渡過程中的摸索、掙扎與衝突。他是世界人、民族主義者，以及無產階級解放的信徒。他是臺灣左翼的開創者，遠在臺共返臺之前數年即已開始耕耘本土社運戰場，並試圖形塑一條屬於臺灣的自主本土左翼路線，然而最終他卻敗給了後來而且外來的共產國際路線。

這是一個深深捲入歷史之中的行動者與思考者，然而驅動他那極具歷史特殊性的行動與思考的，依然是「如何成為一個人」的普遍問題，也就是促使他投入運動的初心。我們可以從他的行動與思考軌跡中，歸納、推演出以下四點關於「人」的思考：

（1）世界人的理想：
根本上，連溫卿認為人是普遍性的存在，人類一家，無分民族與國家界線。這是一種非帝國主義的世界主義理想，受到世界語主義的啟發。連溫卿早年因同化會運動失敗與西來庵事件的鎮壓，對政治失望，於是加入兒玉四郎的世界語協會，試圖在語言領域內尋找無民族差別的普遍平等世界，終於成為堅定的世界語主義者。1919年他進一步創辦臺灣本土的世界語雜誌《綠蔭》，與世界各國兩百多份同仁雜誌交換，透過世界語運動網絡，成功地把孤島臺灣連結到世界，**找到了民族主義之外的另一條通往世界的道路**，可謂臺灣「早期全球化」的代表性人物。他在1920年9月號的《綠蔭》轉載了世界語之父Zamenhof的《人類人主義宣言》(*El Deklaratio Pri Homaranismo de Dro. L.L. Zamenhof*)，旗幟鮮明地表達了他的世界主義信念。

(2) 人的政治條件：
連溫卿雖懷抱人類一家理想，但同時也承認在現階段的歷史現實中，對於被殖民壓迫的弱小者而言，「民族」作為反殖民、反帝的歷史主體，以及民族獨立作為階段性目標的正當性。他在1921年參與創立文化協會並擔任理事，也參與臺灣議會設置請願運動，並在1921年8月號的《綠蔭》刊登了請願書的世界語版〈Petoskribo Pri Organizo de Formosa Parlamento〉，表明了他的民族主義立場。

(3) 人的社會條件：
儘管承認民族運動的正當性，連溫卿主張民族運動不應止於追求政治獨立，而應以消滅階級壓迫作為最終目標。連溫卿在1921年參與創立文化協會的同時，也經由山口小靜接受了山川均的勞農馬克思主義思想，成為第一個本土馬克思主義者。他與蔣渭水、謝文達等人在1923年共創社會問題研究會，指出了殖民統治除了民族壓迫外，也存在著資本主義體制造成的社會問題，首度公開表述了民族運動內的左翼路線。不過連溫卿的左翼思想也有其本土根源：早在1910年代，他就注意到萬華出現了資本主義社會下的奢華與貧困型態。他對貧困問題的社會觀察，可說是臺灣思想史上的「社會的發現」，此後他終身注意資本主義制度缺陷造成的社會問題如貧窮、娼妓、不良青少年等，可謂現代化前期的臺灣最銳利的社會觀察家。

(4) 人的歷史性：
無論人類、民族與階級的解放，都受到歷史條件，特別是資本主義發展的制約。受到山川均的啟發，連溫卿觀察到一九二〇年代後半以後臺灣資本主義對日本資本主義的依賴日重，導致臺灣資產階級與其透過民族運動所創造的「臺灣民族」的脆弱性。他認為臺灣資產階級雖一度發展出民族主義，但隨即被擴張的日本資本主義吸收、同化，而剛從民族運動中被召喚現身、尚未完成的「臺灣民族」，也因而面臨解消的危機。

革命的人文主義者——史明

1918年出生的史明是連溫卿下一世代的人物。他未及參與戰前民族運動，成年後活躍在完全不同的歷史脈絡之中，但在某個意義上他一生的革命實踐卻接續、復甦、擴大了連溫卿在戰前開創，但卻被中斷的自主本土左翼傳統。

史明的父親林濟川與連溫卿同輩，兩人同為文協創始會員。史明雖未參與文協，但童年親睹父執輩在二〇年代後期文協演講的經驗，成為他初期政治社會化的來源。他的民族運動傳承，重點在反日民族意識的薰陶，而非階級意識的啟發，因為士林施家為富裕地主家族，而林濟川素與陳逢源交善，屬文協右翼，更在二〇年代中期即轉向日資會社，完全脫離了民族運動。

史明童年時期對士林庶民民俗生活的濃密記憶，以及他聆聽祖母口述傳承的生動的移民開拓史，成為他臺灣民族意識的源頭，而其中關於大量「庶民」「大眾」生活的記憶，則成為他日後重視「勞苦大眾」之左翼意識的源頭。

換言之，文協第二代的背景是史明反日反殖民意識的源頭，而他在回憶錄中所稱的「士林歲時記」記憶，則同時成為他民族與階級意識的根源。整體而言，他的左翼臺灣民族主義思想傾向在少年期已有萌芽。

這是一種原型的（prototypical）左翼民族主義，而早稻田六年（高等學院三年、政經學部三年，1937-42年）的日本戰前菁英教育，則賦予了這個原型認同以較明確的理論形式。史明在早稻田從預科到本科所受的教育內涵，是相當典型的**昭和教養主義**。所謂昭和教養主義，是前一個世代的大正教養主義在昭和期的發展與變形，它融合了：（1）教養主義（康德式人文主義）和（2）社會科學，尤其是昭和前期盛極一時的馬克思主義政治經濟學。經由昭和教養主義的完整薰陶，史明一方面直接繼承了父執輩文協第一代民族主義者的「人格」哲學，另一方面也接上了連溫卿起頭的左翼思想。整體而言，我們可以說這是一種左翼（馬克思主義）的人文主義思想，主張革命的目的在解放人受的束縛（資本主義和帝國主義），讓人得以恢復人性。這個思想讓史明少年期的原型民族主義得到最初的理論表現：反殖民、反帝國主義的臺灣民族主義。

然而早稻田六年的影響不只是思想的，也是政治的，因為他在政經學部參與地下馬克思主義讀書會時，認識了中共祕密黨員，而這個遇合將他的革命實踐引向中國。在1940年前期日本與臺灣的高壓政治情境中，他興起了藉由參加中國社會主義革命以達成反帝目標的念頭。

然而史明的中國革命體驗是極度——幾乎是致命地——負面的。他在1942年抵達中國，這是毛澤東奪取中共黨權，「紅太陽」昇起的時刻，懷抱革命的人道主義理想的史明親身經歷、目睹了中國革命的種種黑暗面，如毛澤東崇拜與黨內獨裁、內戰期華北土改的血腥暴力，以及對臺灣人進行監視控制、族群分化等。這些經驗讓他感到**中國革命不僅沒有解放人性，反而是反人性的，是人性的異化。**最終他對中共徹底幻滅，並且得到這個結論：中國革命只是中國帝王思想加上史達林主義，不僅不是真正的革命，而且是**對革命的背叛**。他覺悟到，要解放殖民統治下的臺灣，讓臺灣人過得像人，回復臺灣人的人格和人性，必須完全脫離中國革命，另外尋找**「不同的革命」**。

史明離開中國，回到臺灣，又從臺灣輾轉流亡日本後的發展，大致可歸納為三個部分。第一，後二二八時期海外臺灣人運動分化為反共反中的右翼臺獨運動，和一面倒向中共的新舊臺共，史明卻獨自在日本開創出一個他自己的「不同的革命」——「反中左翼」的自主臺獨路線，使臺灣人的解放運動既不倒向中共，又能突破冷戰造成的右翼保守同盟制約，與全球新左翼和第三世界反殖民解放運動建立自主的連結。第二，史明雖是戰後臺獨左翼先驅，但他反對左派常見的宗派主義，力主依據現實條件，共組臺灣人各派的民族統一陣線。第三，史明遵從左翼精神，重視理論與知識，但反對移植理論與教條主義，傾全力進行臺灣的實證研究，以**發展原創的本土理論**，而最重要成果就是《臺灣人四百年史》。這本臺灣最初的民族史，日後將重構兩、三代臺灣人的歷史意識，成為今日新臺灣民族認同形成的思想基礎。

現在讓我們來整理史明的「人」觀。第一，在道德上，作為康德所說的自決、自律的主體，人首先是普遍、平等、無分國界的世界人。第二，作為歷史性的存在，人必然也是特殊民族——社群／共同體的一員。史明的這個思考，具有鮮明的社群主義（communitarianism）色彩，而其源頭則是他幼少期的原型民族體驗，也就是他對士林地區庶民民俗的濃密記憶。（這點似乎和連溫卿頗有類似之處。連曾自述對臺灣民俗非常感興趣，四〇年代初期曾參與與士林地方關係密切的《民俗臺灣》運動，還曾運用他的馬克思主義理論基礎，嘗試為**臺灣民俗共同體——臺灣民族——**書寫一篇唯物史觀的發展史。）

上述第一、二點陳述的是人的本然狀態，但是作為昭和時期的馬克主義人文主義者，史明的「人」觀還包含第三個部分：現代社會體制（資本主義）扭曲、異化人性，使人淪落於普遍的不平等狀態。這並非人的本然狀態，而是步入社會生活之後形成的歷史處境。如同盧梭在《社會契約論》所說，人生而自由，但無處不在枷鎖之中。

那麼，成為——或者還原——「道德的、普遍的人，以及歷史的、共同體一員的特殊的人」，需要什麼條件？

這裡，開創了戰後臺獨左翼的史明，又回到連溫卿提出的左翼原點：(1) 政治——民族自決，(2) 社會——階級解放，與 (3) 歷史的條件。經過了戰後20年的歷史曲折，史明重新接上了戰前本土左翼的傳統，只是一九六〇年代的歷史條件，正在醞釀連溫卿在一九二〇年代所不敢想像的，臺灣人解放的全新脈絡。

最後必須補充一點：熱愛知識，誨人不倦，直到生命的最後一堂課還在向臺灣大眾講解西洋哲學史與社會史的史明，事實上以他的生命為我們提示了「成為一個人」另一個未言明的條件，也就是理性 / 知識。依存於歷史、共同體的特殊的人同時也是理性、反思的主體，因此他與共同體的理想關係 (個體與群體的相互形成，共同解放) 不能只憑情感，而必須經由持續地理性反思與自我批判才能完成。用老先生的話來說，就是：「臺灣人只會講對臺灣的感情，但革命需要知識和理論啦！」

四、成為一個人

一百年前，臺灣是日本帝國的殖民地，臺灣人雖分潤了日本現代化的物質成果，但被剝奪了自身的目的 (purpose) 與自我決定權，成為實現宗主國目的而存在的工具與客體，陷入道德上的被宰制狀態，於是臺灣人決定奮起，試圖擺脫此種被宰制的狀態，追求成為自決、自律、以自身為目的主體——他們決定臺灣人要成為人，要活得像一個人。一百年後，臺灣已經掙脫日本與中國國民黨的連續殖民統治，建構了一個實質獨立的民主國家。這個國家雖小，但對外享有主權，不受外部宰制；在主權保護下，個別的臺灣人享有諸種公民權利，以公民身分參與政治，同時與所有其他臺灣人共同決定國家的存在目的與發展方向。臺灣人在主權身分的保護下，建構並鞏固了政治的民主，並且持續朝向社會民主與多元民主的方向邁進，因為這是他們自己決定的存在目的，他們不再為他人而存在，他們自身即是目的，他們是自己的主人，他們為自己的人格創造了政治的，經濟的，以及社會的條件。

如今，臺灣人終於初步實現了做一個自決的政治與道德主體的夢想。這不是命定的終局，而是經歷眾多迂迴曲折的歷史機遇 (fortuna)，以及無數個人奮鬥犧牲之後的結果。一開始，他們的面前沒有路，然而他們還是往前跨出一步，走得多了，走得久了，路就出來了。這篇文章談的連溫卿和史明，是這段歷程中的先後兩個行走者，他們選擇獨自行走，走在邊緣，走在人跡罕至之處，但是他們的足跡終於和所有其他人的足跡交錯重疊，最後一起走出了一條臺灣的路。

然而我們必須記得連溫卿和史明都懷

抱鮮明的歷史意識，都認識到自己的歷史性。我們這個時代的歷史性是什麼？不是歷史的終結，我們只是把一條路徑走出來了而已，而路的前方依然險阻重重：冷戰下的美國霸權創造了一個不自由不民主的臺灣新國家，冷戰的終結促使臺灣開始民主化與本土化，但同一時間新自由主義的資本全球化又導致臺灣資本被中國吸收，情形一如連溫卿筆下一九二〇年代中期以後逐漸被日本資本主義吸收的臺灣。2019年以來全球資本主義體系的重組（新自由主義的終結）與武漢肺炎危機，加速了全球地緣政治秩序的再編成（新冷戰），創造了史無前例的有利條件，把臺灣的國家形成推向最終的，但也是最不確定、最危險的階段。

這是臺灣人歷經百年奮鬥所獲得的人格是否得以永續，是否得以深化發展的關鍵時刻。在這個時刻，讓我們回想連溫卿和史明的臺灣自主左翼傳統所提示的，切切實實的歷史教訓：**不依靠霸權，不追求他力本願，不迷信教條，由下而上，開創自主、本土的理論、運動，以及重返世界的路。**我們不會不懂得這些教訓的，因為我們以多年艱難的民主實踐創造了使小國躍升為地緣政治主體的條件——政治正當性，而我們的民主所孕生的自主公民社會，至今也已經數度成功阻擋了大國菁英與本土買辦謀劃的地緣政治交易。想要繼續活得像一個人，想要活得更像一個人，想要繼續做自己的主人，想要做更自主的人，拒絕為奴，決不願被極權帝國黑洞吞噬的決心——這一切源於我們體內的道德本能與歷史積累的，**朝向自由的意志**，無意之間引領我們接上了前輩走出的路，並且引領我們在這條路上持續前行。

拼貼的
新文化牆

2021

\# 1921#2021
\# 臺灣新文化運動紀念館
\# 新文化運動月
\# 文協百年

今年是臺灣文化協會成立一百周年紀念。在臺灣文化協會創立之初，社會運動家賀川豐彥來臺，曾對前來向他請益的醫學院學生們說：

「**一個獨立的國家必須具有獨自的文化，譬如文藝、美術、音樂、演劇、歌謠等等。不能夠養成自己的文化，縱使表面具有獨立的形式，文化上也是他人的殖民地。**」

受此啟發，臺灣文化協會以「圖謀臺灣文化之發達」為宗旨，成立「讀報社」，訂購《臺灣民報》、漢日文重要報刊，辦理各式講習會，舉辦「夏季學校」，「美臺團」播放電影，演劇社推出新劇，以各式媒介推廣理念不遺餘力；而「文化演講會」所到之處更是萬人空巷，點燃全臺烽火、激發民氣。

回望歷史，這正是臺灣人意識凝聚的起點，而於此同時期開展的臺灣文學、美術、音樂歌謠、新戲劇，承載著一代知識分子在大時代下對於理想家國的關懷與想望。蔣渭水在1921年寫下〈臨床講義——關於名為臺灣的患者〉，將處於殖民統治下的臺灣視為一病體開立診斷書，傳達出對於當時臺灣處境的焦慮以及謀求改善的殷切盼望。「病」是社會沉痾的隱喻，也是亟需改變的極端警訊，在一百年前新舊文化更迭的時期是如此，無獨有偶，百年後的今日，臺灣與全球亦正面臨著 Covid-19疫病的侵擾，在疾病面前我們不得不改變既有習慣，也產生了新的生活模式，疫病似乎揭示著再一次新舊文化更迭的時期已然來臨。

值此文協百年紀念時刻，坐落於文協重要歷史現場——大稻埕的臺灣新文化運動紀念館，於10月館慶「新文化運動月」中，規劃了以「文協百年·時空重現」為題的藝術節，在疫情起起伏伏的當下，我們除了透過各種新的因應形式來邀請民眾回到歷史現場、循著過往足跡認識臺灣文化協會之外，更期待提煉出臺灣文化協會追求向上、求新求變的改革精神，用以討論、檢視現代社會的各個面向，共同凝鍊與體現當下臺灣社會多元價值。

コロムビア
Taiwan Columbia Selling Co
THE TAIWAN MINPAO
臺灣民報
THE TAIWAN MINPAO
台灣文学
NEW WORLD
臺灣青年
爭鬥義為當士

知識傳播／紀念儀式

●開幕活動●

《趣吧！與百年前的趣味相遇》特展

臺北市為百年前新文化運動的重要起源地，也曾是臺灣文化協會活躍的重要歷史現場。文協的成立非為偶然，而是歷史之必然，為能完整呈現臺灣文化協會的完整樣貌，本館自 2020 年起即規劃一系列特展，從近代教育思潮、青年團組成談起，《趣吧！與百年前的趣味相遇》特展則是文協百年特展的第三部曲。一九二〇年代在現代化思潮影響之下，更多的公共空間開始設立，臺灣人對休閒娛樂的看法也改變了，認為「培養興趣」是一件具正向意義的事情。本特展以「興趣」為題，從各種新式興趣娛樂切入，不僅全面而立體地描繪當時的休閒與興趣，也呈現出總督府與文協青年們在各種休閒娛樂的場域爭奪話語權、進行角力的情形，也以此揭開「文協百年 • 時空重現」藝術節之序幕。

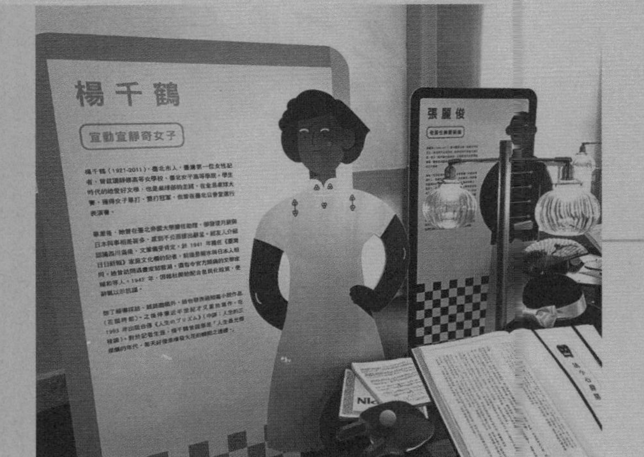

●推廣活動●

《文協 10X10》線上講座

將以線上直播及 Podcast 的形式，介紹大稻埕及其周邊重要的美術、音樂場景，亦邀請相關領域的講者，從文化協會核心的思潮、文化社會運動、教育作為，到推展衍生而出的新生活（包括飲食、婚戀、衛生等）、新藝術（音樂、電影等）乃至延伸百年的跨時代思考為題目，推出線上對談講座，讓知識的推播不再受疫情侷限。

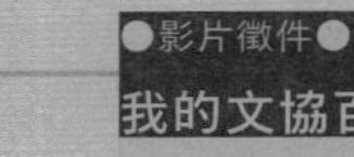

●影片徵件●

我的文協百年

文化應該是一場全面性的對話，而非單向的輸送。因此特別以「我的文協百年」為題，辦理影片徵件，無論是「對文協的疑問」、「對文協的理解」或者「我與文協的連結」、「文協對我的影響」等，都可以透過這個平臺發聲，讓大眾都能擁有文協百年的話語權，藉此深化大眾對臺灣文化協會的印象。

●論壇●

《文化問．診》

2021 年《文化問 • 診》以「文協百年」作為主軸，呈現臺灣文化協會的成員們，在公、私領域不同面向中，是如何進行思考與行動，並進一步探討現代性的反思。在公領域中，從交通建設看文化運動的公共性，也從文化運動看文協青年的創作與運動如何交互影響；而在私領域裡，透過重新解讀書信、日記，展現文協成員對自身的追求、對當代的省思，及對文化運動的期許。

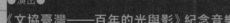

●教育推廣●

日治生存大作戰

念歷史的時候，你是否曾想像過日治時期的臺灣人如何生活？「日治生存大作戰」是一款以日治時期生活為主題，專為學生設計的闖關遊戲。以館內常設展為故事線，讓學生進行角色扮演，歷經層層關卡抉擇，親身體驗日治時期社會各階層的生活形態與為在當代努力的生存方式，學習接納、傳達多元的意見與需求，最後以開放式結局，讓學生瞭解自身與他人的每一道選擇都與結局相關，努力打造能讓所有人的意見和需求都有機會被實現的環境！

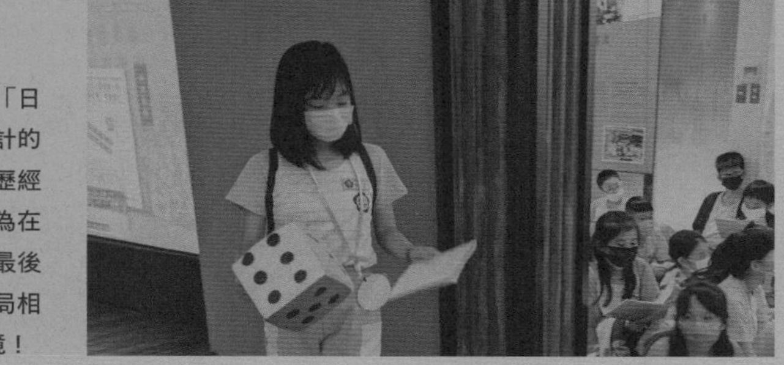

× 當代跨界

●演出●

《文協臺灣——百年的光與影》紀念音樂會

委託由臺北市立國樂團籌辦，經典復刻〈臺灣文化協會會歌〉、〈臺灣議會設置請願歌〉、〈咱臺灣〉等歌曲，安排穿插以說書、戲劇、演唱等形式演出。以當代文化為「新文化」重新詮釋、進行展演，帶領觀眾重溫臺灣文化協會青年的故事與精神。

●演出●

《百年催生》戲劇演出

1923 年，臺灣文化協會將戲劇正式列為社會文化改造運動一環，戲劇於此稱為「文化劇」，新戲劇的興起與知識分子社會改革運動密切相關。《百年催生》委託「影響．新劇場」製播演出，延續百年前文化劇之精神，演譯以「臺灣文化協會」為主軸的戲劇作品。

在地合作

●演出●

《本島音樂會》變裝音樂會市集

一百年前，臺灣就曾以詞曲創作來傳遞訴求與議題，也在各種歌謠曲調中，唱出時代的心聲；一百年後，現代臺灣的音樂創作者們仍持續為時代、為臺灣人民發聲。《本島音樂會》將安排時下音樂人汲取各式臺灣音樂元素，在文協百年前夕登臺演出臺灣百年歌謠，並安排大稻埕在地百年店家設攤，邀請民眾變裝成為一九二〇年代風格，共同來到復古街區聽音樂、逛市集，體驗一百年前的知性氛圍。

整合行銷

●館刊●

《掛號 10X10——文協百年紀念特刊》

1921 年臺灣文化協會於臺灣本島創立，拉開臺灣文化啟蒙運動序幕；2021 年，臺灣文化協會成立一百年，臺灣新文化運動紀念館推出《掛號 10X10》特刊，透過翻閱一九二〇年代文人志士第一手日記資料的「日記解讀」，讓讀者有機會一窺更真實的歷史面貌，並提出十種領域的「議題思考」，引導讀者用更多有趣且深刻的提問，試著更貼近兩個時代——1921 年、2021 年——的臺灣，與讀者一起體認「歷史就是現在和過去之間，永無止境的對話」。

特別活動

●活動●

臺灣文化日

1921 年 10 月 17 日，是臺灣文化協會創立之日。為紀念文協的創立與其為臺灣帶來的文化啟蒙，文化部將這一天訂為「臺灣文化日」。2021 年 10 月 17 日，邀請大家來到臺灣新文化運動紀念館，觀展、了解百年前後的臺灣，並於 Facebook 打卡「文協百年，全島串連」、寫下觀展感想，即可換取活動小禮品。

TO 2021

文協百年四部曲：
用最貼近當代生活的方式，認識百年前的文化啟蒙

專訪臺灣新文化運動紀念館　文字◉陳冠帆

臺灣新文化運動紀念館規劃的文協百年系列特展，展演主題從兒童一路談到青年成長的歷程，還不忘討論日常興趣以及休閒活動，這樣規劃的背後，是希望呈現出什麼樣的臺灣人群像呢？

今年適逢「臺灣文化協會」百年慶，各地的文化場館紛紛舉辦紀念活動。我們作為臺灣唯一以「新文化運動」為營運核心的場館，自2019年起，就開始籌備文協百年系列特展。

我們思考的出發點，是一百年的時間其實並不遙遠，可以從 1921 年與 2021 年間找出關聯性，引起大眾的有感認知。但第一個問題就來了，新文化運動這段歷史過往在學校教育中，非但不是濃墨重彩的一筆，反而是兩三語帶過或者略過不提的；在普羅大眾認知度不足之下，該如何透過展覽產生深刻的互動，不只是歷史影像的回顧，亦不僅僅為文件的憑弔懷古，我們勢必要增加觀者的參與感。

第二個問題是，臺灣新文化運動的崛起與發展，並非取決於少數菁英的作為，而是全球新文化思潮的傳播，塑造了一個大時代。當時的人們受到美國總統威爾遜民族自決主張、日本大正民主思想、俄國布爾什維克革命的社會主義路線及中國五四運動等事件與思潮影響，可知臺灣新文化運動的思想是多元且複雜的。

在百年前的時空背景下，每一位知識分子以關懷土地與同胞的初心，做了不同的抉擇，以不同的路線描繪理想的國家藍圖，他們都為臺灣帶來多元思潮的養分，並非不是英雄，就不偉大。因此我們認為要談文協，就必須放大至整個時代，不管是全球思潮的背景、人民智識的養成、動機及抉擇的驅使，以及日常學習的積澱等，都需要提供一個舞台，讓觀者有全面性的視角來理解。

最後我們從循序漸進、深入淺出的方式，於2020、2021兩年相繼推出「文協百年四部曲」，從兒童教育、青年養成、到文協人士的日常，以貼近當代生活的方式來重現百年前的風貌。

四部曲特展，我們期待帶給大眾的，不僅僅是細嚐大稻埕的歷史記憶與人文況味，而是每個觀者的五感能沉浸其中，想像自己就是 1921 年的一個年輕人，在社會文化鉅變下奔湧向前、尋找同胞與自身的出路，同時在壯闊的時代洪流中做出路線的抉擇。

首部曲

2020年6月推出《小太陽的養成計畫——同化不童話》特展，以日治時期兒童教育為展示核心，勾勒當時兒童在學校體制內外的社會生活樣貌，而此時日方所帶來影響的新式教育，也為日後新文化運動埋下了種子。

二部曲

緊接著2020年10月館慶，推出《青年的誕生——日本時代青年群像》特展，試圖透過青年群像的概念，逐步拼湊日治時期臺灣青年的完整樣貌，帶領觀者重回百年前面對那些挑戰的歷史時刻。

三部曲

2021年即將推出的《趣吧！與百年前的興趣相遇》特展，關注於一九二〇年代因現代化的設施與思潮，為臺灣人帶來了積極向上興趣培養的觀念，這些私領域的興趣，也促成了文協成員活躍的時代背景。

四部曲

2021年年底將展出《文化協會日常》特展（暫名），讓觀者深入其境，了解文協成員如何入會、入會後如何編組、平日如何開會與共同創作等事務，得以窺見文協成員及其時代背景。

在文協一百年之際，請問館長對於臺灣新文化運動紀念館有什麼樣的期許？

我們的館舍在一世紀前為「臺北北警察署」，一樓還留有一九二〇年代的扇形羈留室和水牢，見證殖民統治時期的威權，經過漫長歲月，如今轉移為保存新文化運動歷史的場域。而館舍座落在大稻埕，更是一百年前文化協會成員的重要活動場域，先輩們在此召開大會、成立讀報社、舉辦通俗講習會、夏季學校、文化講演隊，並且組織電影隊、美臺團等宣傳新思潮、新觀念。我們的歷史身分與位址都乘載一份高度的責任，在眾文化場館中也成為獨特的存在。

因此在文協百年的新文化運動月，我們期望以寬廣的視角來探討「新文化」，結合大稻埕空間場域，感受百年前新文化啟蒙的場景，從《趣吧！與百年前的趣味相遇》特展、復刻經典運動歌曲的《文協臺灣——百年的光與影》紀念音樂會、論壇、戲劇演出、變裝音樂會市集等，希望讓大眾回到過往、體驗氛圍，走進文協人的時代。

雖然在疫情高度警戒之下，我們將部分實體活動轉為線上直播，但也同步開發了Podcast、線上講座，讓新文化運動月的內容仍舊精彩。另外館刊也是以「文協百年」為核心主題，以十個過去與當代都感興趣的議題，以及十則日記文本的解讀，從日記解讀與議題提問交互對話，呈現完整的時代面貌，讓讀者了解歷史與自身的關聯，理解當代並想像未來。

文協百年的當下，我們同時也在思考未來該怎麼走——除了持續與後代家屬基金會保持緊密合作關係，也期待從深度與廣度擴大同溫層，例如藉由主題工作坊方式，提供前端史實素材與邀請專人引導，與創作者共創新的跨域作品。另外也希望與國小、國中與高中師資合作，讓歷史在青年學子心中扎根，讓每一個人都認知這段黃金時代；而這種認知，不僅是腦海中背誦的一段歷史，而是有更立體的想像，清楚理解到文協成員的生活離我們並不遙遠，只是不同的文化背景，不同的教育滋養，培育出不同的作為，然而，在同一個土地上，觸發所思所感都是為著「咱臺灣」。

下一個百年，我們最期待的就是在這塊土地上生活的人，都能理解咱臺灣的文化，咱臺灣的故事。

10 文協百年．掛號 10

回望一百年前的文人志士，我們看見他們的生活與他們的思考，
知道他們在爭取什麼與他們在為什麼 / 為誰而奮鬥，
承襲他們留下的文化與他們發揚的精神。

一百年後的我們，可以成為百年精神的傳頌者，
也可以成為下一個百年價值的創造者，汲取百年精華，
形塑出屬於咱臺灣的當代新文化——

因為更加▇▇▇▇而創造出的新文化！

因為更加 自由 而創造出的新文化！

因為更加 民主 而創造出的新文化！

因為更加 平等 而創造出的新文化！

因為更加 關注過去 而創造出的新文化！

因為更加 多元 而創造出的新文化！

因為更加 開放 而創造出的新文化！

因為更加 思考當下 而創造出的新文化！

全書完

因為更加________________而出現的新文化！（來！這格給你填。）

國家圖書館出版品預行編目 (CIP) 資料

掛號 10x10 : 文協百年紀念特刊 = Taiwan new cultural movement/ 陳冠帆 , 涂豐恩 , 黃裕元 , 李姿穎 , 陳慕真 , 何昱泓 , 周馥儀 , 張鐵志 , 黃子寧 , 林韋聿 , 陳志東 , 徐聖凱 , 張硯拓 , 吳亮衡 , 陳力航 , 曾士榮 , 吳叡人等人撰文 ; 劉玟苓主編 . -- [臺北市] : 臺北市政府文化局 , 2021.10 ／面； 公分
ISBN 978-986-0772-37-1(精裝)
1. 臺灣新文化運動 2. 臺灣史 3. 文集

733.409 110016082

版權頁

書名	掛號 10X10 文協百年紀念特刊
系列名稱	掛號 4
出版時間	二〇二一年十月
出版單位	臺北市政府文化局
局長	蔡宗雄
副局長	陳譽馨
主任秘書	劉得堅
專門委員	張蓉真
科長	邱稚亘
專員	王秉五
股長	李咏萱
研究員	許美惠
規劃師	吳金玲
承辦單位	故事 StoryStudio
企劃協力 / 專案管理	吳亮衡、林佳蓉
主編	海有關的文化　劉玟苓
執行編輯	周鈺珊
校對	簡淑媛
內容顧問 / 審閱	莊勝全
內文撰寫	陳冠帆、郭家佑、涂豐恩、黃裕元、柯智豪、李姿穎、陳慕真、神奇海獅、何昱泓、周馥儀、李取中、張鐵志、黃子寧、呂欣潔、林韋聿、毛奇、陳志東、徐聖凱、葉天倫、張硯拓、吳亮衡、巫彥德、陳力航、曾士榮、朱宥勳、何欣潔、吳叡人（按照文章順序排列）
裝幀設計 / 美術設計	劉耘桑
設計協力	黃耀霆
特別感謝	殷振豪、桑布伊・卡達德邦・瑪法琉、蔣朝根、林承俊、張維尼、蔡蕙頻
ISBN	978-986-0772-371
定價	三五〇元